LA CASA

MARÍA ELENA HERNÁNDEZ ÁLVAREZ

COMPILADORA

Primera edición 2016

Directorio

Dra. en Arq. María Elena Hernández Álvarez
Directora

Mtra. en Arq. Patricia Barroso Arias
Coordinación de Contenido Editorial
Versión impresa y versión digital en: www.architecthum.edu.mx
Colaboración:
Arq. Milena Quintanilla Carranza

Mtro. en Arq. Federico Martínez Reyes
Coordinación Editorial
Colaboración:
Roberto Israel Peña Guerrero

Ilustración de portada:
Claudio Connena

El contenido, la selección del material escrito, su organización y la redacción de los artículos, son responsabilidad absoluta de sus autores, quienes han cedido de manera no exclusiva sus derechos de autor a esta edición.

El uso de los logos de la Universidad Nacional Autónoma de México, la Facultad de Arquitectura y del Programa de Maestría y Doctorado en Arquitectura, en la Colección Arquitectura y Humanidades, con la debida autorización.

©ARCHITECTHUM PLUS S.C.
Díaz de León 122-2
Aguascalientes, Aguascalientes
México CP 20000
libros@architecthum.edu.mx

ISBN 978-607-9137-40-3

Presentación

La construcción de la Teoría de la Arquitectura, que es el sustento de todo diseño arquitectónico, implica un complejo proceso reflexivo y crítico mediante el cual se verifica a distancia y en profundidad la enseñanza y la praxis del oficio de ser arquitecto. Si la Arquitectura, es decir, lo habitable, le concierne a todo ser humano, las premisas de ella misma sólo pueden concebirse de manera transdisciplinaria sustentándose en todos los campos del conocimiento porque, además, es a todos ellos a quien va destinado su servicio.

Asimismo, las manifestaciones del humanismo están asociadas a la conciencia social del hombre y a sus circunstancias existenciales en el mundo, de tal suerte que se deben ir generando consideraciones ontológicas y epistémicas en el plano formativo y profesional para el arquitecto. Por ello, asumir una formación humanista desde sus más altos y nobles ideales, constituye una necesidad cada vez más apremiante en el mundo de hoy; y es esto lo que nos transmite un perfil del arquitecto como persona que piensa, que crea y que produce una arquitectura orientada hacia el bien común.

Así, validando este enfoque transdisciplinar, se escriben y difunden en este proyecto editorial, Colección Arquitectura y Humanidades, ideas artísticas, científicas, éticas, filosóficas, poéticas e históricas, que provienen de numerosas visiones del mundo arquitectónico, sustentadas en ideologías, teorías y posturas que están en correspondencia con las exigencias del mundo contemporáneo.

Es esencial que nuestra Facultad de Arquitectura sea parte de las instituciones educativas que contribuyen a la formación de arquitectos conscientes y reflexivos para que elllo nos permita, no solamente vivir en el mundo actual, sino además, transformarlo de manera transdisciplinaria para la sustentabilidad y sostenibilidad que el futuro nos demanda.

Así, la Colección Arquitectura y Humanidades nos convoca a la reflexión filosófica que comprende a la arquitectura desde sus premisas y su núcleo, es decir, desde el ser humano, y al arquitecto como el profesional dotado de razón, de conocimiento, de creatividad y de capacidad para construir, pensar y diseñar lugares de verdadera calidad habitable, de poética habitable.

Sabemos que este proyecto editorial queda establecido para ser puerta abierta permanente a las colaboraciones de quienes consideren el trabajo transdisciplinario como una fuente necesaria para validar, hoy más que nunca, las pautas de diseño de los espacios que los seres humanos habitamos.

Mtro. Alejandro Cabeza Pérez
Coordinador del Programa de Maestría y Doctorado en Arquitectura
Facultad de Arquitectura
Universidad Nacional Autónoma de México
Noviembre de 2015

Prólogo

La Colección Arquitectura y Humanidades, tiene el objetivo de fortalecer los lazos entre ambos campos de conocimiento, ya que uno sin el otro no podrían concebirse. Si comprendemos que, tanto la Arquitectura como las Humanidades, y de hecho a la Arquitectura como parte de las Humanidades, le conciernen a todo ser humano, es por ello que este proyecto centra su propósito en compartir los esfuerzos de muchas personas por enriquecer encuentros transdisciplinarios que coadyuvan al compromiso con la calidad de las pautas de diseño de los espacios que habitamos los seres humanos.

En este proyecto editorial presentamos numerosos trabajos de exalumnos y profesores del Seminario y Taller de Investigación Arquitectura y Humanidades fundado en 1997 en el Programa de Maestría y Doctorado en Arquitectura de la Universidad Nacional Autónoma de México. A partir de ese año, esta Colección Arquitectura y Humanidades, tanto en sus versiones digitales, en Internet en www.architecthum.edu.mx, como en la impresa, también se ha visto enriquecida de manera significativa con la generosa colaboración en la gratuidad académica de muchos académicos y profesionales de diversas instancias y países.

Los números de este proyecto editorial se presentan organizados en temáticas generales abiertas para multiplicarse secuencialmente de manera vertical y de manera horizonta; esto es, un volumen puede crecer en lo horizontal hacia nuevos números de ese volumen. Los artículos en cada número dan a conocer importantes reflexiones teóricas cuyo interés primordial es contribuir a la formación de investigadores y de docentes, así como el promover la generación y divulgación del conocimiento y la cultura arquitectónica y humanística.

Inaugura la lista de autores el Dr. Jesús Aguirre Cárdenas, quien, además de contribuir con un importante ensayo sobre el tema central de esta Colección, ha otorgado en todo momento su apoyo al proyecto académico *Arquitectura y Humanidades*. Expreso aquí mi profunda gratitud y admiración al Dr. Jesús Aguirre Cárdenas por su confianza a esta propuesta académica editorial y, sobre todo, por su inigualable ejemplo humano a seguir; él siempre nos abrió caminos.

Por mi conducto, todos los autores que participamos en esta Colección expresamos nuestra gratitud a las autoridades de la Facultad de Arquitectura de la Universidad Nacional Autónoma de México, especialmente a su Director el Arquitecto Marcos Mazari Hiriart, al Maestro en Arquitectura Alejandro Cabeza Pérez, Coordinador del Programa de Maestría y Doctorado en Arquitectura y al Maestro en Arquitectura Salvador Lizárraga, Coordinador editorial de la Facultad de Arquitectura, por el reconocimiento que otorgan a la trayectoria de los autores que participan en esta *Colección Arquitectura y Humanidades*, así como a la calidad de los ensayos que en ella se presentan.

Finalmente, mi especial reconocimiento a la Maestra en Arquitectura Patricia Barroso Arias, al Maestro en Arquitectura Federico Martínez y a sus colaboradores por las incontables horas de entrega, creatividad, compromiso, liderazgo y confianza a este proyecto editorial.

María Elena Hernández Álvarez
México Distrito Federal, diciembre de 2014

VOLUMEN 16

LA CASA

Introducción

MARÍA ELENA HERNÁNDEZ ÁLVAREZ

Hablar de la casa pudiese parecer tema sin mayor relevancia para la arquitectura, y más hoy en día en que lo espectacular globalizante acapara los titulares no sólo de de los medios masivos de comunicación sino de la propia enseñanza de la arquitectura en el ámbito académico, precisamente en donde se forman los arquitectos, cuyo oficio es, precisamente, ser diseñador de lo habitable. La casa para todo ser humano tiene tal obviedad en la vida cotidiana que se nos pasa desapercibida su génesis, su vital trascendencia ya que es en ella -sea choza o castillo- como nos lo dice Gastón Bachelard, en donde llegamos a este mundo tangible. La casa es nuestro segundo vientre, y es también nuestra primera y siempre cotidiana segunda piel; en la casa es que verdaderamente "somos" porque, en términos heideggerianos, somos como habitamos.

En este volumen de la Colección Arquitectura y Humanidades, los autores nos acercan a reflexionar no sólo en la génesis y cualidades de la casa, sino también nos hablan de las numerosas atrocidades que cometen los propios espacios domésticos contemporáneos a sus ocupantes porque no se miró por el ser humano en su esencia, en su necesidad de cobijo, de resguardo, de intimidad, de privacía, sino que, en nuestra creciente e imparable cultura urbana, el principal interés es el económico. Como consecuencia de ello, la persona se ve "alojada y subordinada" a cubitos mínimos los cuales, sin duda alguna, sugieren ser causa directa de serios problemas negativos de transformación social individual y comunitaria.

También aquí se presentan reflexiones, ejemplos de casas que la historia nos da a conocer y que nos invitan a comprender lo qué sucede cuando una casa es, o no lo es, comprendida pre o post ocupacionalmente como parte de su contexto geo socio histórico y cultural.

Las reflexiones sobre la casa que este volumen comparte nos recuerdan el importante compromiso del arquitecto por la esencia del espacio primigenio que nos recibió en este mundo. Y, para beneplácito del lector de este volumen, se aportan aquí ejemplos e importantes nociones teóricas sobre las casas que albergan y cultivan esta esencia, que reinstauran la arquitectónica del espacio privado e íntimo que llamamos La Casa.

De tal importancia es el tema de la casa que las Escuelas de Arquitectura, en donde se nos forma como diseñadores de lo habitable, deberían reflexionar más sobre los diseños resultantes de pautas ajenas a las esencias del habitar doméstico que dan como triste resultado, espacios que, lejos de cobijar, albergar, propiciar intimidad, reinstaurar cotidianamente a la arquitectónica del espacio privado, más bien oprimen y corroen al ser humano de diversas maneras. Así, conscientes de lo anterior en este volumen autores en este volumen proponen una seria, concreta y precisa estrategia académica para que la comprensión y el compromiso del arquitecto hacia y con la casa sean prioritarios en su formación

En el artículo de la Maestra en Arquitectura Patricia Barroso se considera que "(...) la casa no es un objeto frente a un sujeto que la utiliza como herramienta, sino que en ésta el trazado de límites o fronteras permite las distinciones adentro/afuera o interior/exterior que condicionan la posibilidad para la existencia. (...) Se le puede asignar a este acto como la instauración de una relación de intimidad en la que estamos expresando nuestros actos y comportamientos. La morada, como dice la Maestra Barroso, "está llena de interioridades, de acontecimientos en donde se instaura la vida íntima, la vida privada y la vida compartida". Pero, se pregunta ella, "(...)¿el sentido del habitar una casa, puede pensarse como ese (*Arkhé*) o principio de la arquitectura?" La respuesta la encuentra la autora en Agacinski quien afirma que "la génesis de una casa, el porqué que preside a su producción, es también su fin, su para qué porque el origen de las cosas contiene y requiere la visión anticipada del fin, en donde, la **arquitectónica** de la casa nos indica la posibilidad de engendrar, gracias al conocimiento de su origen y de su fin, esa concepción de la habitabilidad que imaginamos anticipadamente cuando diseñamos.

Pero, además, la Mtra. Barroso aporta ciertas nociones particularmente importantes tales como que "(...) en la casa se cultiva un campo habitable, porque es una arquitectura espaciada.

La casa como núcleo de la vida personal, significa la estructura del abrigo, es esa construcción articulada que alberga un juego de relaciones entre los enseres y nuestro cuerpo pero que también este lugar sagrado, distingue lo propio y la intimidad."

En palabras de la Maestra Barroso, "(…) en el hogar que nos alberga, también puede haber ausencias cuando no está nuestra presencia porque los hábitos de los seres humanos que la habitan y generan relaciones de pertenencia y territorialidad, dejan las inscripciones de un espacio propio. En efecto, en el estar ahí y el ser aquí, se instaura la pertenencia porque en la morada también hay exclamaciones del alma. La morada, lleva su primera inscripción en el espacio propio, que llama a la dignidad y a la belleza. El hogar es reflejo de nuestra alma, es como un " (…) castillo todo de un diamante o muy claro cristal, donde hay muchos aposentos. La casa interior no obedece a tipologías ni repeticiones. (…)La vivienda vale porque reúne los sentidos de protección, seguridad, principio y patrimonio; cobra un significado, porque en ésta plasmamos parte de nuestra existencia y manifestamos nuestras preferencias. Como los señala Certeau, "el menor alojamiento descubre la personalidad de su ocupante. Hasta una anónima recámara de hotel dice mucho de su huésped temporal al cabo de unas horas. Todo compone ya "un relato de vida", dice la autora.

En el ensayo de la Doctora en Arquitectura Vania Hennings hay una singular reflexión que distingue lo técnico de lo habitable en la casa. Así, dice ella "(…) detrás de estos aspectos puramente "técnicos", la casa se expresa, la casa propicia, la casa forma parte de la vida del ser humano y engloba una serie de significados que nos ayudan a comprender y conocer las diferentes culturas de nuestro planeta. (…) Es un espacio que parte del ser humano esencialmente y es para el ser humano esencialmente. Es así que el arquitecto requiere, además, sensibilizarse ante aquello que para el usuario significa la casa porque no es posible lograr una arquitectura responsable sin sensibilizarse ante los significados de la casa.

La Doctora Hennings, nos invita a considerar un serio compromiso con el diseño de toda casa ya que "(…) la casa representa el centro de la existencia humana, nos pertenece porque en ella "somos"; (…) la expresión familiar *entro en mi casa*, o la emoción contenida en la exclamación: *"¡mi casa!"* implican que la esencia del habitar la casa se refiere a llevar a la paz.

Ciertamente, la relación es muy compleja entre el ser humano y la casa (objeto). Esta relación se puede resumir en dos características fundamentales. La primera es que el ser humano se identifica con el objeto, en este caso, con la casa. Bachelard puntualiza esta situación citando a Noël Arnaud que dice: *"Je suis l'éspace où je suis"* (Yo soy el espacio donde estoy).

Cuanto la autora cita a Aldolph Loos: *"Tu casa se hará contigo y tú con tu casa"* nos remite directamente a los "estados del alma", de los cuales habla Bachelard, y que se deben producir al habitar o al "vivir" una casa.

Hay en este volumen que dedicamos a La Casa otros artículos que hablan de ejemplos que ha validado la historia. Uno de ellos es el caso del texto del Doctor en Arquitectura, de la Unversidad de Tesalónica, Claudio Conenna quien nos habla sobre una de las casas de Oscar Niemeyer. Sobre ella nos menciona que: "(...) La *Casa das Canoas* demuestra que la teoría-filosofía proyectual se verifica en la praxis, la literatura se materializa en arquitectura y la poesía logra hacerse habitable. En efecto, Niemeyer, con su poema y su casa nos deja entre líneas un mensaje optimista diciéndonos que cuando los objetivos hipotéticos son precisos y las metas sublimes, la pugna constante hacia el ideal, aunque difícil, resulta llevadera. (...)", hay poesía en sus palabras que invita a "(...) la perseverancia en el bien y la verdad de un hombre dialogante que busca la perfección en la plena integración entre su ser y su obra. (...) La *casa das Canoas* por el contrario nos transmite un calmo mensaje plástico escultural comparable a las esculturas de Jean Arp (1887-1966) y Henry Moore (1898-1986). Niemeyer se encuentra espiritualmente con Arp allí donde una obra es concebida con espiritualidad y realidad mística, donde el deseo de descubrimiento, juego y amor por la sencillez elemental tiene un lugar especial en la creatividad. (...) en otras palabras y según afirma con precisión el profesor H. Tomás la casa *"es"* el paisaje por estar tan perfectamente integrada a mismo (H. Tomas, p. 100)." El poeta y arquitecto Alejo Carpentier, nos dice Conenna, descubrió que en América y el Caribe las realidades fantásticas existían, y que Niemeyer de manera apocalíptica afirma que el racionalismo poético es posible. Así es que , "(…) y, del mismo modo que la obra literaria de Carpentier es legítimamente latinoamericana también lo es la arquitectónica de Niemeyer. En ambas manifestaciones artísticas se halla presente un lenguaje metafórico de la naturaleza, rico en imágenes de género barroco. (…)la concepción poética del habitar en su significado de morar más que en el del elemental ocupar. (…)llegando a ser un genuino poeta de la arquitectura en el sentido literal y figurado del vocablo, (*poeta = poiitís = gr. ποιητής*), un realizador completo, un creador de arquitectura en cuerpo y espíritu. La materialización -diseño u obra- de un genuino pensamiento arquitectónico es por naturaleza poesía", dice Conenna. "(…) Éste vivir-habitar poéticamente, según Hölderlin, nos conduce a pensar que si el arquitecto ha de tener una virtud, es la de ser sensible cuando proyecta para que los hombres cuando habiten sus edificios puedan morar poéticamente en ellos a la manera planteada por Heidegger. (…) Alvar Aalto sobre esta obra de la cual sostuvo que se trata de una hermosa flor que no puede ser trasplantada por pertenecer a su apropiado hábitat y ha de ser vista en su propio sitio (G. Schildt, p. 139). (…) *La casa das Canoas* se esconde en el paisaje, para observar con espíritu contemplativo el mar, la naturaleza y el horizonte. (…) Así, explica Conenna, Oscar Niemeyer entiende que el hombre puede intervenir en la naturaleza para convertirla en el teatro de sus ilusiones", nos dice Conenna.

El interesante texto de la Doctora en Arquitectura Beatriz Guerrero González sobre *Las mujeres y la casa norteamericana de la segunda posguerra* atrapa al lector de manera singular desde el primer párrafo en donde se dice que: "(…) hablar de la casa es, consustancialmente, hablar de las mujeres", y nada más acertado que esta afirmación ya que somos las mujeres quienes, principalmente "hacemos casa", quienes organizamos los espacios al interior, disponiendo de los muebles, de los alimentos, de los horarios de la experiencia en la casa, porque "habitar" es una experiencia y esto nos remite directamente al espacio que se genera en "la experiencia" y que por lo tanto podemos afirmar que "espaciar" es el acto que genera la experiencia habitable.

Si bien es totalmente cierto lo que nos dice la Dra. Guerrero acerca de que las mujeres norteamericanas de la Posguerra fueron "confinadas" a sus casas, ello implicaría que antes no lo estaban, es decir, que ellas también estuvieron "a la par" que los hombres ocupando los puestos de trabajo que los hombres-soldado tuvieron que abandonar. Y evidentemente no fue así. No soslayemos el subyacente doble mensaje de manipulación mercadotécnica acerca de este supuesto confinamiento ya que, nos dice la autora de este interesante artículo, "(...) a estas mujeres que habían trabajado en las industrias de la guerra se les dijo que su deber patriótico era llevar su fuerza de trabajo al hogar para ser amas de casa, madres y especialmente consumidoras, para que la economía se pusiera en marcha nuevamente." Fue así que se puso en marcha un espectacular programa de abastecimiento de electrodomésticos para garantizarles que su trabajo en el hogar ya no sería pesado como antes de la Guerra.

Cuando la autora de este artículo nos dice que la "(...) preocupación por la eficiencia y la tecnología hacía parecer el trabajo doméstico como si fuera más científico y profesional, e incluso a las amas de casa se les llamaba, recogiendo la tradición del siglo XIX, 'ingenieras domésticas' o 'economistas del hogar' les creaba un nuevo rol con fines comerciales principalmente para que ella se convenciera que la moderna tecnología funcionaba bajo su mando (...)". Nada más seductor para las mujeres de la posguerra, y aún las contemporáneas para volverse a poner "su arnés doméstico".

Trepidante, pero cierto saber, gracias a este ensayo de la Dra. Guerrero que, poco a poco, la mujer, viviendo en los suburbios nuevos, fue de tal manera manipulada que se alejó de la (realidad) vida de la ciudad y fue presa fácil de la publicidad para convertirse en el centro del consumismo norteamericano: "(...) No estoy presumiendo de la vanidad de *Mrs. Consumer*, ya que en gran parte ella no es consciente de su abstracto papel como consumidora."

Cuando, en este ensayo González cita a Betty Friedan, leemos que "en todo el discurso de la feminidad y del rol femenino, nos olvidamos que el asunto que de verdad interesa en América (corrección: en Norteamérica) es el negocio", el cual se mantiene (...) a través de la persuasión publicitaria y de "mantener a las mujeres estadounidenses en su rol de amas de casa", hasta el punto que "si se les manipulaba adecuadamente, a las amas de casa estadounidenses se les puede dar un sentido de la identidad, de propósito, de creatividad, una autorrealización, incluso la alegría sexual de la que carecen, a través de la compra de cosas."

Este ensayo nos muestra el gran engaño en el que hicieron caer los comerciantes y empresas a la mujer norteamericana haciéndola sentir que era el ideal de toda mujer en el mundo, cuando en la realidad, la mujer norteamericana, con su cocina grande repleta de electrodomésticos y unida al *living*, nunca dejó de ser sirvienta del hogar. Y más allá de ello, los publicistas no se detuvieron cuando descubrieron que la mujer deseaba ser "la mujer ideal" trabajando, estudiando y desarrollando su papel de ama de casa", así que la convencieron aún más de consumir lo que le facilitara la atención de su hogar. Además, la voracidad de los empresarios no terminó en los electrodomésticos que "le facilitaban" el trabajo al ama de casa, sino que después la publicidad se centró en la -interminable- decoración de interiores. Y así, a la mujer la convirtieron, "de acuerdo con Friedan, en un ser carente de "un yo independiente que ocultar", puesto que ella existía sólo y a través de su marido y de sus hijos."

La televisión, nos menciona la Doctora Guerrero, también fue pilar para fortalecer el confinamiento de las mujeres en sus casas de los suburbios atendiendo al marido y a los hijos, todos "unidos" viendo la televisión.

Y cuando la autora concluye que, para dolor de las mujeres norteamericanas de los 50 y 60 (y aún de las actuales y de las que tratan siempre de imitarlas), es patético verificar que "una casa de ensueño es sólo eso: una irrealidad, y las vidas perfectas no existen"... porque, (…) *aparentemente*, las mujeres en esa época tenían todo lo que podrían desear, sin embargo, a principios de los años sesenta, comenzaron a vislumbrarse los síntomas del "malestar que no tiene nombre", nos dice la autora.

Seguramente este ensayo provocará enojo en algunos lectores, aunque también nos explicará con singular claridad cómo ese "ideal de vida doméstica norteamericana", que se difundió en todo el mundo, también trajo su consecuente "malestar sin nombre" que pervive en estos tiempos globalizados y que nos aqueja a muchos en las ciudades contemporáneas.

El ama de casa norteamericana de la segunda posguerra fue la primer presa de la sociedad de consumo que ha llevado al mundo a la vorágine en la que todos parece que estamos dominados. Los voraces empresarios y publicistas norteamericanos buscaban en la Posguerra, y siguen buscando, el tener y nunca el ser, nunca la afirmación de los valores familiares esenciales como pautas de un "diseñar para un habitar que surge desde sí mismo".

Por su parte, el trabajo que aquí presenta la Doctora en Arquitectura Lucía Santana Losada, también sobre esa arquitectura doméstica que ya ha documentado la historia, nos recuerda que "hablar del término casa, parece de lo más trivial debido a la familiaridad que tenemos con ella, al desarrollar la mayor parte de nuestra vida en la misma; pero como menciona Paul Goldberger es en ella en donde se forma la conciencia de nosotros mismos, nuestra esencia y es a través de ésta que establecemos la relación con lo que nos rodea". Así, la autora ofrece aquí un interesante artículo sobre la arquitectura doméstica funcionalista de los años 50 en México en donde es de singular importancia lo que ella sugiere sobre valorar adecuadamente la arquitectura diseñada por los arquitectos que se analizan en el texto porque, según ella, siempre buscaron diseñar "(…) con un significado para el usuario que habrá de habitarla para no ser tan sólo la *máquina para habitar* que planteaba Le Corbusier". En efecto, nos dice la autora, la arquitectura "(…) no ha cumplido con su razón de ser a menos que considere nuestras necesidades emocionales al crear espacios armoniosos, que permitan la creación de sonidos melodiosos y espacios para moverse que le permitan alcanzar un orden superior"; tal como en su momento lo hizo Gropius y que incorporaron arquitectos mexicanos de los 50´s para "(…) crear sus propias casas el llenarlas de la "cualidad sin nombre" en donde además de adoptar los principios de la arquitectura funcionalista, construyen buscando que las casas creen sensaciones dentro del usuario."

En este sentido, es vigente y de de singular importancia el que, aun estando en un contexto internacional funcionalista de fuerte influencia, los arquitectos que la doctora Santana analiza logran expresar lo "suyo propio", es decir, lo nuestro en México. Los ejemplos que se menciona en este artículo son, sin lugar a duda, hitos en la arquitectura doméstica mexicana de esos años y que se actualizan de manera insoslayable para la enseñanza de la arquitectura contemporánea. Del Moral, Díaz Morales, Barragán y Sordo Madaleno son esos ejemplos de arquitectos que la Doctora Santana nos recuerda como hitos de la pasión, la entrega y el compromiso con la arquitectura de sus tiempos.

Acerca del interesante enfoque que da a su artículo el Maestro en Arquitectura Federico Martínez sobre el espacio doméstico, se destaca la estrecha relación casa-familia. Según este autor, la casa es un reflejo de sus habitantes y de sus hábitos lo cual significa que todos podemos leernos a nosotros mismos en los hábitos y acciones que se viven en nuestra casa. De nuevo surge aquí la noción de **experiencia**, más precisamente **de espaciar como acto generador de experiencia habitable.** Es de esta manera que podemos manifestarnos y ampliar nuestro territorio, nuestro poder: desde "nuestra recámara, (esa muchas veces doble cámara, a la manera en que Baudelaire nos lo narra en su cuento *La chambre double*, que reafirma la condición de lo que queda sellado y separado del exterior) hasta los demás aposentos de la casa".

Patético, pero cierto en muchos casos, el ejemplo que señala el autor acerca de Bernarda, quien "dicta la manera en que deberán ser las cosas en su casa. Pero no todas las hijas están de acuerdo y, por no poder amar al que ama pues su madre lo prohíbe, Adela, su hija, se quita la vida en su cuarto, en su refugio dentro de la casa que -vaya contradicción- es un gran refugio que le niega ser. Sin embargo, al ser humano le es tan esencial encontrar esta territorialidad que una litera, un pedazo de tierra donde acurrucarse para dormir y soñar, se magnifican y se vuelven el paréntesis [()] en donde habitar es posible"(…) La casa, pues, no es siempre signo de alcurnia, pero en ella encontramos un remanso que nos permite habitar. ¡En cada casa nos acomodamos de maneras tan diferentes!"

Es de singular importancia la sutil manera del autor en llevar estas reflexiones profundas acerca de la casa y su relación con la familia hacia el ámbito académico en el que se debería comprender esta esencial necesidad de territorialidad. Así que, nos dice el autor: "(…) hasta donde comprendo, la carrera de arquitectura nos da, entre otras cosas, habilidades para diseñar para cierto habitar, pero no potestad sobre cómo deben habitar los otros".

En la invitación a acudir al Poema de Dulce María Loynaz, *Ultimos días de una casa*, el artículo de la poeta española Efi Cubero nos dice cómo Dulce María "(…) Vuelve una y otra vez con inquietante reiteración, y parecidas imágenes, a esa visión obsesiva de índole espiritual que escapa a nuestro análisis. El poema es un largo monólogo, o acaso soliloquio, en el cual proyecta la mansión como si fuera un ser vivo. A punto de ser derribada, y desde la evocadora nostalgia de los seres que la habitaron, la casa se contempla a sí misma sobre una perspectiva metafísica, desde una dilatada e interrogadora reflexión. La soledad se cierne en torno suyo y las formas desaparecidas van quedándole "igual que cicatrices regadas por el cuerpo". Desde ese tono casi agónico asistiremos, verso a verso, al imparable proceso de su descomposición. Independientemente de su valor poético, este libro, al que nos invita a acudir Efi Cubero, posee una trascendencia inigualable. Porque, como ella misma dice: "todo se ha perdido menos el recuerdo."

Del ensayo de Efi Cubero sugerimos al lector pausar su lectura en lo siguiente: El libro *Ultimos días de una Casa* es "(…) soliloquio largo y sostenido desde el que nos habla un edificio que presiente el derrumbe, la autora (Dulce María Loynaz) reconstruye o acaso quizás funda, con sólidos cimientos, esos mismos espacios sustantivos y eternamente intemporales. De manera real, a la vez que ilusoria, les inyecta a través del lenguaje savia nueva, los reviste de nuevas formas, les imprime inteligencia y sentimiento; aportándole vida, emoción y dignidad a aquella vieja y mágica casa habanera, inspiradora de *El Siglo de las Luces* de Alejo Carpentier, ubicada en la calle Línea, esquina 16, de El Vedado, que un día sintió nacer a la escritora. (…) esta casa devuelve al que la observa, mediante su lección de inútil resistencia, su sitio de humildad. Para la autora cubana esta casa simboliza su propia resistencia. También el referente de una forma de vida. La estructura da cuerpo a la palabra hasta hacerla legible, a la vez que la orienta en esa conjunción de tiempos enfrentados; la verticalidad del rascacielos, símbolo del futuro que ella percibe como una amenaza y la compacta horizontalidad de espacios conocidos que la amparan y aíslan, como coraza protectora, de lo que no desea.

"El mundo es una urdimbre cada vez más espesa que no deja respiro a los silencios. (…) Cemento perforado. / El mundo se nos hace de cemento. / Cemento perforado es una casa. / Y el mundo es ya pequeño, sin que nadie lo entienda –nos advierte– o, cuando contempla las nuevas estructuras alzarse como intrusas "poderosos los flancos, / alta y desafiadora la cerviz" mientras se siente ya su prisionera, extranjera en su propio reino, desposeída de los bienes que siempre fueron míos.

"Versos que nos acercan imperiosos dejándonos la huella de una conmovedora melancolía. Pisamos las estancias del olvido sintiendo respirar este silencio, esta angustiada voz, como si palpitara en algún sueño el ser vivo que habita en el poema.

"También la muerte ronda por las habitaciones y el nombre de una niña, Ana María, solamente ese nombre, vaga por los espejos, evanescente y pura, como una oblicua luz que atraviesa el espacio, que jamás se evapora en el recuerdo."

En el ensayo del poeta y arquitecto Jorge Tamargo leemos fuertes, atinadas y agudas palabras acerca de lo que hemos perdido hoy en día sobre la esencia del habitar; tuvo razón Rilke y sin duda alguna, la sigue teniendo.

Si bien es cierto que Tamargo menciona que muchos culpamos a los norteamericanos del "pecado original", esto es, de las cajitas en serie, para ricos y para pobres que hoy padecemos en todo el mundo, tiene también mucha razón en recordarnos que el germen de ese pecado es europeo, casi unidireccionado a lo inglés. Sin embargo, aunque algunos sigamos considerando que Europa era la vid o raíz de todo lo que acontecía en el mundo occidental, en muchos lugares del planeta, como por ejemplo México, o más precisamente dicho, en pocos lugares de México, la cultura mestiza, con una ya debilitada influencia europea, ha dado otras tipologías de casas, que si bien algunos consideran "híbridos", portan esencias muy distintas y anteriores a las europeas.

Además, no soslayando lo que bien explica Tamargo, lo europeo, tan protagónico para el resto del mundo, y aunque ya debilitado, fue apantallado por la voracidad inglesa de los ochocientos, que imponía modelos industriales a todo, incluyendo a la casa, es decir, acomodaban "ganado humano", no a personas; y este fenómeno lo replicaron "cándidamente", pero aún más vorazmente los norteamericanos. Las utopías europeas, de una Europa dividida e imperialista, sin duda alguna fueron experimentadas en América y en otros lugares del orbe como África, y aún buena parte de Asia; la casa y la casa-ciudad fueron ampliamente reproducidos, nos dice Tamargo, sin embargo, aún así, no hay que olvidar tampoco que, afortunadamente, algunos nunca han idealizado a Europa, por diversas causas, entre ellas porque fueron "capaces" de provocar dos guerras mundiales en el siglo XX, en la segunda de las cuales murieron más de cincuenta millones de seres humanos.

No, en algunos lugares del orbe no todos desean ser, o parecer, europeos porque bien sabemos ya de las decadencias y transiciones sociales europeas que en su tiempo anunciaba ya el filósofo Gobineau. Cuando Tamargo cita en su ensayo a Rilke, un europeo consciente de lo que sucedía por y en el eurocentrismo, nos dice que "(..) Rilke fue testigo de la rotura definitiva del vínculo sagrado que unía al hombre con las cosas que conformaban (conforman) su paisaje espacio-temporal. Como era un ser hipersensible, lo vio claro; como era un gran poeta, lo in-formó valiéndose de la verdad menos sospechosa: la poética", así que Tamargo nos avisa, de la esperanza y sensibilidad de seres humanos, hombres y mujeres, que como Rilke, saben que hay manera de "salvar-nos", acudiendo a la Poesía, a las raíces nuestras, al sarmiento.

Pero también advierte contundentemente Tamargo que "el hombre-masa" contemporáneo manipulado por los medios masivos de comunicación consumista de chatarra desechable e inacabable, cree que no necesita a los soñadores y teóricos poetas, pero hoy más que nunca necesita de los poetas, de los arquitectos que saben del habitar poético, de aquel **que nos devuelve a nosotros mismos, a nuestra esencia humana individual y comunitaria.**

Las casas contemporáneas que se miden por su plusvalía económica ciertamente están "diseñadas" por ingenieros, políticos o banqueros pero no por arquitectos. La "maquinita ocupable o padecible" para el homo consumista no tiene sus raíces en el humanismo, de donde deberían emanar las pautas del diseño... pero ¿cómo ser escuchados?, ¿cómo establecer el enlace con ese homo consumista que no sabe que no sabe lo esencial del habitar, precisamente el habitar una casa, su casa?

Sí, somos inquilinos de espacios-cajitas que ocupamos o padecemos, y que además, como Tamargo: ¡compartimos con mascotas de todo tipo el escaso aire artificialmente metido en el cuadrito definido (que no puede decirse diseñado) por la mente ingeniera y económica del consumista!

No, hoy en nuestras urbes no habitamos en el sentido heideggeriano del "yo soy yo habito, como yo habito, yo soy" porque no sabemos quiénes somos, nos mudamos constantemente, ocupamos o padecemos cajitas desechables en turno. Y, el decir bachelardiano en la frase "yo soy el espacio donde estoy" nos comunica que tenemos muy poca idea de quienes somos en realidad.

"¿Es la inteligencia, obrando al margen del humanismo, la que nos condena a la casa perfecta?" se pregunta Tamargo. Afortunadamente, sabemos, hay sus excepciones, como los invisibles poetas, que siempre perviven a todos los tiempos incluyendo a ésta era atroz que nos devora sin piedad para arrebatarnos –sobre todo- la economía, que lo demás no importa al Sacro Imperio Global.

El escrito que en este libro presenta Tamargo es un fuerte llamado para que nos detengamos a reflexionar como arquitectos -y como comunidad de no arquitectos-, lo que seguimos perdiendo, pero también lo apasionados que debemos seguir por "una casa óptima (que) sería "(…) aquella que realmente perteneciera a sus moradores: seres humanos todavía, y como tales, sometidos en última instancia a un *pathos* complejo, que para nada se puede supeditar, sobre todo si hablamos del ámbito hogareño, a los raquíticos *logos* y *ethos* de la ingeniería. En una "casa óptima" el genio debe vivir al servicio de la familia, y el ingenio no debe pretender más que facilitar las cosas para que ello ocurra." En el texto de Tamargo podemos sentir la pasión y el enojo entrelineados que nos hace sentir la ausencia actual del verdadero habitar y a la par las voces de quienes que niegan a subordinarse al Sacro Imperio de lo Global consumista, depredador. La esencia humana debe ser la pauta del diseño de la Casa Perfecta porque "si no existieran todavía vestigios de Arquitectura, la última palabra sería de esos locos ingenieros alemanes (decía Rilke)"...u hoy en día los voraces norteamericanos.

El artículo, que es más bien el resumen de la ASIGNATURA "ARQUITECTURA DOMÉSTICA" EN LA ESCUELA DE ARQUITECTURA DE LAS PALMAS, del Doctor en Arquitectura Manuel Martín Hernández conjuntamente con Eugenio Rodríguez Cabrera, es incluido en este volumen porque la Colección *Arquitectura y Humanidades* nace y crece en el ámbito académico pero para ser siempre verificada en el ámbito profesional que comienza, precisamente, en las aulas de las Escuelas de Arquitectura. Es por ello que consideramos que esta propuesta del Doctor Manuel Martín Hernández es una magnífica propuesta para ser obligatoria en todos los planes de estudio que forman a los arquitectos.

Si bien el primer párrafo de este interesante trabajo señala sus objetivos académicos, resulta de singular importancia ser soporte y conocimiento para todo arquitecto y persona que necesitan conocer las nociones básicas sobre el habitar humano. El que exista una asignatura en las Escuelas que forman a los arquitectos sobre la arquitectura doméstica no como sólo una materia más dentro del programa académico, sino como el verdadero inicio en la formación del profesional que se ocupará de la formación de quienes diseñan "lo habitable", y más aún, "lo poéticamente habitable".

Si bien todos los ensayos en este volumen aportan interesantes consideraciones sobre la esencia de La Casa y de lo habitable doméstico privado, lo más importante son las preguntas y los retos que aquí plantean y que persiguen concientizar, tanto al diseñador de lo habitable como a todo ser humano, sobre los anhelos de un habitar cualitativo al cual todo lo demás debe ser subordinado.

Ciudad Universitaria
México, Distrito Federal, agosto de 2016

La casa, un espacio de acontecimientos e interioridades

PATRICIA BARROSO ARIAS

Según Lévinas, el acontecimiento no es ni una idea, ni un hecho empírico. La existencia humana no es pensable sin posibilidad de retirarse a un espacio separado. La habitación es en verdad una realidad concreta y empírica, pero sin ella el hombre que la habita no sería los que es (Agacinski, 2008, p. 27). La casa no es un objeto frente a un sujeto que la utiliza como herramienta, sino que en ésta el trazado de límites o fronteras permite las distinciones adentro/afuera o interior/exterior que condicionan la posibilidad para la existencia.

Se le puede asignar a este acto como la instauración de una relación de intimidad, entonces, cuando decimos, en su casa o en mi casa, es cuando sucede este acto y nos exteriorizamos en el espacio. Estamos expresando nuestros actos y comportamientos; "así, habitar tiene que ver con una experiencia fundamental y singular que abre posibilidades nuevas, originales a la existencia, precisamente por eso es un acontecimiento" (Agacinski, 2008, p. 27).

La morada no es sólo un objeto que el arquitecto produce o fabrica, sino que al habitarla, nosotros nos convertimos en sus autores, somos sus operadores y determinamos los límites del espacio reservado, privado, íntimo, público y de convivencia. En sí, está llena de interioridades, de acontecimientos en donde se instaura la vida íntima, la vida privada y la vida compartida, son puntos de encuentro donde los habitantes conviven y dialogan con sus hábitos y costumbres.

> Mencionar que el hogar es un espacio de acontecimientos e interioridades, es afirmar que ahí se descubre su fin. Aristóteles señalaba que todo cuanto llega a ser, parte de un arkhé, o sea de su principio, de su causa y origen, para moverse hacia su telos, a su fin. (Agacinski, 2008, p. 32).

Siguiendo esta noción, podemos cuestionar lo siguiente: ¿el sentido del habitar, puede pensarse como ese (*Arkhé*) o principio de la arquitectura, cómo aquello que estaba en el comienzo y cómo una causa primera, para moverse hacia un propósito y ser el (*telos*), el fin o la meta de la misma residencia? Si fuera así, entonces, el *telos*, estaría en función del *arkhé*. "La génesis de una casa, el por qué que preside a su producción, también es su fin, su para qué" (Agacinski, 2008, p. 32).

El origen de las cosas contiene y requiere la visión anticipada del fin, supone ese movimiento hacia el *telos* o resultado final, en el cual, la esencia de la vivienda es alcanzada por su condición de habitabilidad. En este caso, la arquitectónica de la casa nos indica la posibilidad de engendrar, gracias al conocimiento de su origen y de su fin, esa concepción de la habitabilidad que imaginamos anticipadamente cuando diseñamos. Es el principio que se concibe al proyectar y es el fin cuando la ocupamos y permanecemos en ella.

Todo esto, nos sugiere una serie de interrogantes: ¿cuál es el principio generador de los espacios que habitamos?, ¿cuáles son las primeras causas en la producción de la casa?

La casa apunta a la articulación de sus rasgos, de sus inscripciones, de los actos que se asientan en el tiempo y en el espacio. Si entendemos la noción de la morada como una espacialidad que cobija nuestra vida dentro de sus límites, entonces nos enfrentamos a un espacio vacío donde la soledad, la intimidad con el aquí y el afuera siempre entran en relación y, cuando diseñamos, no podemos pretender que desconocemos esa experiencia sobre el habitar.

Podemos construir esa experiencia del espacio para comprender a la habitabilidad como origen y fin, como esencia y comienzo de la obra y profundizar en algunos aspectos interesantes que intervienen en la concepción de la obra, ya que se derivan de la percepción que tenemos de la misma. Todas nuestras experiencias espaciales nos acompañan en el pensamiento y en la imaginación, son parte de nuestros recuerdos y de la memoria.

En la casa se cultiva un campo habitable y en ésta se reúnen las condiciones óptimas para alojarse, en ésta, nos movemos, nos desplegamos y establecemos puntos de contacto, establecemos permanencias en lugares donde se conjuga el tiempo con el espacio. Podemos determinar con libertad nuestras permanencias y disfrutamos el aquí y ahora.

En esas estancias con periodos o intervalos temporales podemos trabajar, estudiar, dormir, comer, cocinar, recrearnos y divertirnos en un día. Aquí se repiten en un número finito en todas sus pequeñas variaciones las secuencias de acciones indispensables en los ritmos del obrar cotidiano. En este sentido, nuestras secuencias de uso se van articulando y configurando acorde a los límites y composición espacial de la misma, esto nos indica que todas sus características arquitectónicas son percibidas.

Los acontecimientos e interioridades

La morada nos revela la presencia física de su materia, ésta no permanece oculta, la obra se configura con una idea de espacio que recorremos, que gozamos o padecemos, en sí la espaciamos. La arquitectura como esa materia espaciada sirve de recinto a un ser, espaciarla, es tener esa presencia en cada lugar, es el acto donde manifestamos nuestra vida con todos sus eventos.

Así le damos sentido y la experimentamos en cuanto nos desplazamos por todas sus articulaciones, por cada habitación con sus intervalos. La casa como núcleo de la vida personal, significa la estructura del abrigo, es esa construcción articulada que alberga un juego de relaciones entre los enseres y nuestro cuerpo. Es el hogar del ser, porque manifiesta nuestras acciones diarias en su totalidad, en ésta, se configura el espacio privado e íntimo y uno se siente resguardado de las intrusiones ajenas. Este lugar sagrado, distingue lo propio y la intimidad, manifestándose en los diversos lugares con sus atajos, sus paisajes, su orden y desorden.

¿Qué sucedería si imaginamos esa secuencia de actos que generan un mapa de trazos?... podemos establecer este mapa, como lo plasma Calvino (2000) en *Las ciudades y los intercambios*, cuando nos narra sobre Ersilia, una ciudad que vincula y establece relaciones entre sus habitantes; ya sea de parentesco, de intercambio o autoridad. Estas relaciones quedan visibles, se hacen tangibles por los hilos de colores que se entretejen. Cuando esto se satura, todos sus habitantes se marchan llevándose sus pertenencias, incluyendo las casas y sólo quedan los hilos que dejan huella de ese lugar. Entonces de Ersilia queda únicamente esa trama de hilos que marca los vínculos que la erigieron y configuraron.

Las personas se van para edificar otra Ersilia, entonces, el tejido urbano se vuelve otro, se regula, se hace más funcional; y así se generan sucesivamente las ruinas de las ciudades abandonadas, dibujadas con hilos sin muros, telarañas de esas relaciones intrincadas que buscan expresarse en una forma no sólo de cuidad, sino de vida. La ciudad como lo sugiere Calvino, se piensa también como un lugar en el que se manifiesta una manera de habitar, es un espacio público en el que se plasman costumbres, vínculos, ritos y mitos. Su forma responde a todo ello.

Retomando esta idea, el abandono de una casa implica lo mismo, en el hogar que nos alberga, también puede haber ausencias cuando no está nuestra presencia, o bien, esto sucede cuando nos mudamos y abandonamos la casa amada, entonces extrañamos el no experimentar esa espacialidad vivida cotidianamente, renunciamos a esa movilidad dependiente de los objetos personales, de la distribución en cada habitación, con sus muebles, sus entrepaños y las cosas que los decoran. Significa desprenderte de su composición, de su interior y de tus gustos personales, es extrañar sus dimensiones, renunciar a la costumbre de tus movimientos desplegados en ella, donde conservabas tu individualidad corporal y espiritual.

Así, nos queda el recuerdo, "nuestras viviendas sucesivas jamás desaparecen del todo, las dejamos sin dejarlas, pues habitan a su vez, invisibles y presentes en nuestras memorias y en nuestros sueños viajan con nosotros" (Certeau, 2006, p. 150).

En esta nostalgia, nos preguntamos ¿qué es lo que se entretejía en ella?, ¿qué la conformaba y la hacía ser lugar?... Los hábitos de los seres humanos que la habitan y generan relaciones de pertenencia y territorialidad, dejan las inscripciones de un espacio propio, que si lo imaginamos como sugiere Calvino, podemos abstraer ese mapa de trazos que muestran la secuencia de nuestros actos y comportamiento cotidiano. Entonces, nos damos cuenta de que "no es posible hablar de representación del espacio sin significar la representación de cosas espaciales, de cosas espaciadas, señala Hegel. (Agacinski, 2008, p. 93).

La obra se instaura en una secuencia de habitaciones y la casa como totalidad material y fundadora del lugar que convertimos en propio, cobra una plenitud de sentido desde nuestra existencia. En el estar ahí y el ser aquí, se instaura la pertenencia.

Las inscripciones de un espacio propio

Cuando delimitamos el lugar de nuestra intimidad, establecemos una proximidad con cada objeto, con cada límite. El espacio privado puede ser individual, de varios o de algunos y se hace privado en relación a los otros habitantes; cuando lo compartimos, el espacio cobra un significado común a los habitantes.

El espacio propio es íntimo, es reservado y alberga nuestro retiro, en éste hay reciprocidades, divisiones y se generan apropiaciones del territorio. Es personal y cobra la identidad de sus habitantes, así, el aposento, el baño, el estudio, el comedor o la cocina pueden ser estos espacios territoriales, donde la vida personal o pública transcurre.

En la morada también hay exclamaciones del alma, ésta tiene sus interioridades, sus ubicaciones y ecos de paz, de soledades, de angustias, de compañías, de amor y de risas. Su envolvente no sólo nos refugia, sino que nos enfrenta a los estados más puros y susceptibles del ser, nos invita a estar con nuestros sentimientos y emociones, nos incita a dialogar con nuestros pensamientos y con las firmes razones de la inteligencia.

La morada, lleva su primera inscripción en el espacio propio, que llama a la dignidad y la belleza. El hogar es reflejo de nuestra alma, es como un "castillo todo de un diamante o muy claro cristal, donde hay muchos aposentos" (De Jesús, ST, 1944, pp.29-30). Si hacemos una similitud a lo que Sta. Teresa describe como las moradas, podemos pensar y ¿no es éste nuestro paraíso?... la casa es el castillo de los deleites, llena de aposentos que tienen nuestros bienes, es nuestro recinto, por eso, tendría que ser digno y bello.

La casa interior no obedece a tipologías ni repeticiones, porque en ésta sólo se albergan nuestros sueños y fantasías, nuestras realidades y acciones domésticas, ahí todo se conjuga. La dignidad de la residencia depende de muchos elementos arquitectónicos que van desde su espacialidad, su dimensión, hasta su composición. Pero, ¿cómo construimos nuestro castillo? ¿Cómo lo imaginamos?... La residencia es resplandeciente porque en ésta se encuentran nuestras huellas íntimas, nuestras inscripciones de vida, de conocimiento y de tiempo. En la morada dejamos plasmada una historia entretejida sobre cómo la habitamos.

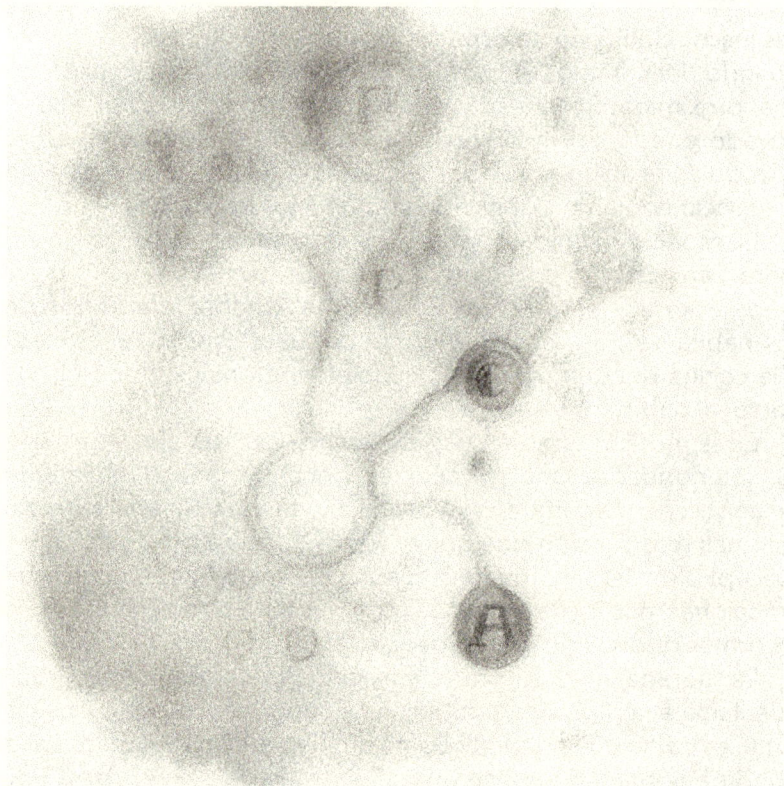

Mapa de inscripciones, croquis por: Patricia Barroso Arias
Vestigio de trazos invisibles que pueden ser tangibles en la memoria, que pueden leerse y dibujarse. Inscripciones que se graban, se escriben para dejar un registro permanente de nuestras huellas al habitar.

Nos percatamos de que la riqueza de nuestra casa, no es porque sea la más grande, ni la exuberante, tampoco la exótica o la más cara; a veces es más sencilla y su significado está más allá del estatus socioeconómico que pudiera denotar. La vivienda vale porque reúne los sentidos de protección, seguridad, principio y patrimonio; cobra un significado, porque en ésta plasmamos parte de nuestra existencia y manifestamos nuestras preferencias. Como los señala Certeau, "el menor alojamiento descubre la personalidad de su ocupante. Hasta una anónima recámara de hotel dice mucho de su huésped temporal al cabo de unas horas" (2006, p. 147).

Un lugar habitado por la misma persona en un periodo dado, dibuja un retrato que se le parece a partir de los objetos presentes o ausentes y de los usos que tienen o suponen. Las preferencias, el acomodo del mobiliario, los materiales, la gama de formas y colores, la luz, el orden y desorden, lo visible y lo invisible, la austeridad, la elegancia o la exuberancia, todo ello, refleja la manera de organizar la vida en sus funciones diarias… todo compone ya "un relato de vida" (2006, p. 147).

Bibliografía

Agacinski, Sylviane, "Filosofías y poéticas de la arquitectura", Buenos Aires: La Marca, 2008.

Calvino, Italo, "Las ciudades invisibles", Madrid: siruela, 2000

De Certeau, Michel, et al, "La invención de lo cotidiano", 2. Habitar, cocinar, México: UIA, ITESO, 2006.

De Jesús, ST., "Castillo interior o las moradas", Madrid: Aguilar, 1944.

"O Poema da Curva"
Casa das Canoas (1951-54) Oscar Niemeyer San Conrado-Río de Janeiro-Brasil

CLAUDIO CONENNA

"...La casa es el refugio del ensueño, la casa protege al soñador, nos permite soñar en paz. Sólo los pensamientos y las experiencias establecen los valores humanos. Al ensueño pertenecen valores que marcan al hombre en la profundidad de su ser..." [1]

Gastón Bachelard

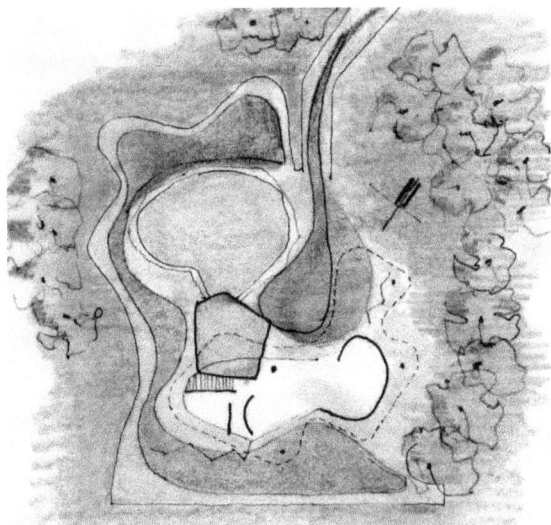

1.- Diálogo, Imaginación y Libertad

Condición substancial de la existencia humana en su búsqueda incansable e inalcanzable de verdad es crecer en libertad. No puede haber imaginación si no hay libertad interior y tampoco puede existir ésta si no se genera permanentemente el diálogo. El diálogo con el resto de los semejantes y las cosas nace a partir del coloquio abierto y transparente con uno mismo. A su vez la imaginación viene retroalimentada por la propia libertad. El paisaje natural mueve la imaginación del arquitecto, estimula su libertad creativa permitiéndole dialogar con el entorno físico a través de la arquitectura. De esta manera la arquitectura orgánica resulta dinámica y viviente.

La casa das Canoas eleva aún más la arquitectura orgánica de Wright, al liberarse de la rigurosidad de los esquemas geométricos ortogonales. Niemeyer en su tendencia hacia una proyectación formal libre de los elementos que la componen nos transmite sutilmente un mensaje abstracto de la naturaleza arquitecturizada. Por tal motivo adjetivamos esta constante de su filosofía proyectual como arquitectura de geometría orgánica [2], pues considera la proyectación un suceso fisiológico libre realizado por el hombre, fundamento teórico-filosófico materializado en un hecho arquitectónico eminentemente plástico pictórico-escultórico.

Los elementos horizontales -cubierta, terraza, espejo de agua- y los verticales -muros de cerramiento y división- poseen cada uno su identidad propia. Ellos sin complejos juegan libres en la composición y, hallándose articulados para darle forma a la vivienda, mantienen entre sí una prolija integración y un permanente diálogo con el contexto físico donde se implantan.

Análoga reflexión podemos hacer sobre la morfología del espacio exterior embaldosado que rodea la casa y la piscina. Su tratamiento formal es sensual, plástico y dinámico, semejante al de la casa. En su espacialidad se conjugan lugares abiertos de permanencia y recorrido de manera continuada, y alternada. La configuración curvilínea de éste recorrido espacial exterior, aparentemente anárquica, posee en esencia una lógica funcional clara, que resulta imperceptible debido a la forma libre de su diseño.

La curva, ha sido una herramienta omnipresente en toda la obra de Niemeyer, él ha sentido que ella le ofrece mayor flexibilidad al adaptarse y permitir una mejor integración formal con la naturaleza, frente a la línea recta a la que considera rigurosa, rígida y no pocas veces limitante que separa y divide. Estos conceptos son legibles literalmente en su "poema da curva" el cual se materializa plenamente en la Casa das Canoas y se manifiesta extendidamente en casi toda su obra arquitectónica.

"O Poema da Curva" | Casa das Canoas (1951-54) Oscar Niemeyer
San Conrado-Río de Janeiro-Brasil

O Poema da Curva

Nao e o angulo recto que me atrai
Nem a linha recta, dura, inflexivel,
Criada pelo homen.
O que me atrai e a curva livre e sensual,
a curva que encontro nai montanhas
do meu pais,
no curso sinuoso dos seus rios,
nas ondas do mar,
no corpo da mulher preferida.
De curvas e feito todo o universo,
O universo curvo de Einstein.

Oscar Niemeyer [3]   33

La Casa das Canoas demuestra que la teoría-filosofía proyectual se verifica en la praxis, la literatura se materializa en arquitectura y la poesía logra hacerse habitable.

Niemeyer, con su poema y su casa nos deja entre líneas un mensaje optimista diciéndonos que cuando los objetivos hipotéticos son precisos y las metas sublimes, la pugna constante hacia el ideal, aunque difícil resulta llevadera. Es la verdadera libertad la que contribuye al ascenso de la cuesta que conduce a la imaginación e ilustra con obras sus genuinos deseos interiores hacia el bienestar y la felicidad del hombre. Parece ser una invitación a la perseverancia en el bien y la verdad de un hombre dialogante que busca la perfección en la plena integración entre su ser y su obra.

2.- Sensibilidad y Respeto

Un arquitecto cuando desea de verdad dar una respuesta fina y precisa a un problema arquitectónico-paisajístico no sólo no se desentiende del contexto físico y cultural donde la ha de implantar sino que valora sus potencialidades rescatando sus virtudes ocultas. Así, revitaliza la condición natural del sitio al ofrecerle una propuesta que fortalece su identidad.

En la respuesta arquitectónica de esta casa podemos verificar esa actitud respetuosa hacia el medio físico de implantación y el hombre que la habitará. Entre otras actitudes de respeto materializadas arquitectónicamente en la casa podemos remarcar las siguientes:

1. Atención a las diferencias de nivel del terreno, dato básico en la idea de implantación en corte.

2. La elección de la roca a modo de elemento pivotante en la composición integral del espacio exterior e interior. Ella pertenece a la naturaleza y también a la vivienda. Delimita el solarium de la piscina y penetra en ella a modo de escultura natural. De la misma manera se hace presente en el interior de la casa marcando el inicio descendente de la escalera que conduce a la planta de dormitorios.

3. La arquitectura de la casa responde a las condiciones propias del hombre y su ser. A su calidad individual, le ofrece espacios cerrados y protegidos, privados e íntimos que invitan al descanso, al reposo y al recogimiento, ellos resultan casi imperceptibles de la realidad visual exterior. A su condición de ser social le brinda la posibilidad de apertura al entorno natural y a sus semejantes manifestándoles generosamente un claro carácter de hospitalidad. Consigue con arquitectura definir la doble relación del hombre, aquella personal que él necesita para recuperarse de su cansancio y la de relación social que colabora en su desarrollo. Lo que simbólicamente representa para el cristiano la cruz, el trato individual con su creador en el madero vertical y la apertura fraternal con su prójimo en el horizontal. La intimidad requiere penumbra y la relación con nuestros semejantes luz y transparencia. Así, el claro-oscuro practicado por Niemeyer en su casa viene a reafirmar la importancia que le da a la espacialidad del hábitat del hombre, su vivienda, a partir de la iluminación.

La cuestión que resulta evidente, y extendiendo las apreciaciones de Ernesto Rogers [4], es cómo el arquitecto brasileño arriba con su arquitectura a resultados de tan alto valor creativo. Podríamos aseverar que se trata de la expresión de las aspiraciones y deseos de un hombre que reconciliado consigo mismo llega a amigarse con el cosmos todo: el universo, la naturaleza y sus semejantes.

3.- De la referencia a la creatividad

El punto de partida en la obra de Niemeyer es la arquitectura de la modernidad, a la que le es fiel de modo crítico. Sostiene con su filosofía proyectual que la arquitectura moderna no es sólo la caja blanca purista minimalista corbusierana, loosiana o miesiana.

La geometría orgánica le ofrece a la arquitectura de la razón y la función un adherente formal aún más poético. La casa das Canoas evoluciona en esta dirección y también dentro del marco de casas vidriadas de la época, entre ellas la casa Fansworth (1945-51) de Mies en Illinois, la Glass House (1949-50) de Ph. Johnson en New Canaan, Connecticut, y la casa de Vidrio (1951) de Lina Bo Bardi en Sao Paulo.

Otro detalle que nos recuerda a Mies es el muro curvo que abraza la mesa del comedor. El maestro alemán lo había planteado en la casa Tugendhat (1929-30) en Brno.

De los puntos básicos de la arquitectura moderna planteada por Le Corbusier, O. Niemeyer rescata lo esencial de su conceptualización. La planta libre, es literalmente libre. Cada una de las tres (planta de techos, planta principal y planta de dormitorios) tiene su propia forma. Es imposible tomar cada una de ellas individualmente y llegar a descubrir la forma o el esquema de las otras dos.

Los pilotes, se reducen a cinco columnas sin un orden geométrico-tramado colaborando en el sustento de la cubierta plana.

La fachada libre, no sólo se independiza de la estructura puntual sino que se libera del tema fachada gráfica-dibujada, dejando que cada espacio interior y semicubierto se presente clara y sinceramente diáfano, como en esencia son. La terraza jardín se verifica en el sector del patio que cubre los dormitorios. La cubierta de la casa, que naturalmente podría ser un amplio toit jardin con características de belvedere, naturalmente no lo es. La ventana corrida toma connotaciones espaciales aún más importantes que las que propusiera Le Corbusier. Según observamos, los cánones o principios corbusieranos existen, sencillamente cada uno adquiere su propia identidad sin la necesidad de seguirlos a pie juntillas como modelo imitable; resulta más bien una lección de orden tipológico. En estas operaciones el arquitecto nos deja una enseñanza evidente, que la arquitectura es más que su morfología, funcionalidad y tecnología, es la calidad poética del espacio que ella crea, donde forma, función y técnica colaboran en el resultado integral. La casa das Canoas plantea prácticamente una ausencia de volumen y de fachada en pos de la virtud espacial total, exterior e interior.

4.- Arquitectura y escultura

Las curvas sensuales femeninas interpretadas en sus innumerables dibujos se traducen y materializan en una arquitectura ondulante. Ella crea espacios pulsantes de notable fluidez, casi inspirados de la arquitectura barroca. El sereno y dinámico movimiento de la naturaleza consigue hacerse arquitectura en la casa en cuestión sin llegar a la extravagancia. Serenidad y dinamismo son dos términos aparentemente contradictorios e incompatibles, no obstante en este ejemplo se encuentran y dialogan amistosamente. El dinamismo de la Deconstrucción es impulsivo y a veces hasta agresivo porque en su praxis desprecia la serenidad, perturbadora de su hiper-expresionismo.

La casa das Canoas por el contrario nos transmite un calmo mensaje plástico escultural comparable a las esculturas de Jean Arp (1887-1966) y Henry Moore (1898-1986). Niemeyer se encuentra espiritualmente con Arp allí donde una obra es concebida con espiritualidad y realidad mística, donde el deseo de descubrimiento, juego y amor por la sencillez elemental tiene un lugar especial en la creatividad. Ambos nos enseñan a ver la belleza de la naturaleza abstrayéndose de su forma literal para imbuirse en su esquema básico, con el objetivo de crear obras claras y limpias que participen de manera dialogante con ella. Observando el universo natural en su esencia creativa, vale decir poéticamente. Se trata de un proceso netamente creativo de genuina libertad espiritual que intenta servir a una conciencia ética de la arquitectura, la escultura y el arte en general. Las islas curvilíneas y las nubes de Arp no están lejos del espíritu plástico de la arquitectura del maestro brasileño. La casa das Canoas es una nube plana que se posó en un morro de San Conrado y ahí se quedó. Allí arquitectura y naturaleza se encuentran, dialogan y se integran. O en otras palabras y según afirma con precisión el profesor H. Tomás la casa "es" el paisaje por estar tan perfectamente integrada a mismo [5].

"O Poema da Curva" | Casa das Canoas (1951-54) Oscar Niemeyer
San Conrado-Río de Janeiro-Brasil

Henry Moore, a quien Niemeyer admiraba [6], basa la raíz de su escultura en los principios orgánicos que rigen la naturaleza y en las posibilidades plásticas que guarda cada material. Nos encontramos frente a una similitud filosófica del escultor británico y el arquitecto latinoamericano.

Así como el material –piedra, mármol, madera, metal- toman vida gracias a la figura en la escultura de Moore, también el hormigón armado en la arquitectura de Niemeyer. En efecto, es en las manos del artista cuando el material cobra vida, esa vida interna latente que guarda cada material.

Moore sin escribir acerca de la curva, se refiere a las formas redondas valorándolas porque sugieren la idea de fecundidad y además se ubican constantemente en nuestras percepciones cotidianas.

En los tres: -Arp, Moore y Niemeyer- la metáfora plástica de las formas vitales resultan ser la constante de sus obras manifestando una vitalidad intensa que interiormente parece dominarlos. Se produce en el proceso creativo de ellas una metamorfosis de la naturaleza, donde formas autónomas que aluden a la naturaleza, sin imitarla, se vuelven abstractas.

Si analizamos el proceso artístico-plástico entre los tres descubriremos una potencia orgánica que va tomando calidad espacial. La obra de Arp es escultura pura, la de Moore resulta ser una escultura con tendencia hacia la arquitectura debido a que sus oquedades crean "espacios" y la obra de Niemeyer, proclama en su juego formal-espacial, exterior-interior gestos y deseos escultóricos.

La casa das Canoas es semejante a las esculturas de J. Arp y H. Moore, en cuanto luce en la naturaleza, donde la luz revela su plenitud plástica y al mismo tiempo puede respirar libremente.

5.- Natura, forma y espacio

La doble transparencia se halla en relación directa con la orientación Norte-Sur donde existe la posibilidad de expansión durante la mañana y en las horas de la tarde según el deseo de sol o sombra. En el eje Este-Oeste se ubican las funciones cerradas de la casa. Hacia el Este el estar y hacia el Oeste la cocina, un toilette, la escalera y en la planta inferior los dormitorios.

La aproximación a la casa se da por medio de la linealidad oblicua de una cinta-rampa que desciende de modo similar al de la llegada a una gruta, favoreciendo así el resultado perspectívico de la casa. El espacio de recorrido hacia el ingreso se va ensanchando progresivamente hasta arribar a él. Antes de llegar se conforma un patio muy interesante por lo variado y libre de su diseño. Él cumple simultáneamente la función de ingreso y solarium. Es una superficie horizontal parte al aire libre y parte semi-cubierta. Sus límites son: hacia sector Este resulta flexible por estar delimitado por un separador a media altura totalmente perforado y al Oeste por el plástico borde de la piscina. No obstante la variada preparación secuencial de ingreso, el acceso propiamente dicho resulta en sí mismo disimulado por pertenecer al plano vidriado de la fachada.

Entre lo cerrado y lo abierto existe equilibrio. Sentarse en la sala de estar es como refugiarse en una gruta. La sensación de protección y resguardo se hace presente desde la penumbra donde con seguridad miramos la luz, el movimiento exterior y la naturaleza. Igualmente, en lo morfológico y como complemento de lo espacial, se presenta una serena armonía entre:

- la técnica constructiva y el arte,
- lo mental y el sentimiento,
- lo racional y lo orgánico.

La arquitectura de esta casa no obstruye con su presencia la naturaleza permitiéndole al paisaje que penetre, traspase y hasta la envuelva. Se trata de una arquitectura sin frentes ni espaldas, integrada plenamente al contexto físico asegurando plena continuidad. Su respuesta formal es la resultante de la arquitectura biomórfica de Niemeyer la que al tiempo no se desentiende de la función ni de la técnica, ni del clima.

Su arquitectura, por hallarse cercana de las artes plásticas, ha sido no pocas veces considerada surrealista. En parte, podríamos decir que tal observación lleva algo de razón si entendemos el surrealismo como ese mundo de sueños y deseos interiores entre lo sexual y lo espiritual que un artista necesita liberar. No obstante, creemos que su obra y esta casa en particular vienen a expresar algo más latinoamericano que el surrealismo europeo. Si bien es cierto que el lenguaje de la arquitectura blanca es de procedencia europea, lo que se deduce de su pensamiento arquitectónico

"O Poema da Curva" | Casa das Canoas (1951-54) Oscar Niemeyer
San Conrado-Río de Janeiro-Brasil

se acerca más al lo real-maravilloso de Alejo Carpentier por su ardiente deseo de expresar el mundo latinoamericano con expresiones propias que definen su identidad sin aislarse del mundo de vanguardia. Así como el escritor cubano descubrió la realidad maravillosa por sí misma en Latinoamérica, sin la necesidad de forzar la imaginación creadora, el maestro brasileño con su obra arquitectónica logra manifestaciones semejantes en el mundo de la arquitectura latinoamericana. Por consiguiente, aquello que para los surrealistas resulta absurdo respecto de la realidad latinoamericana, igualmente sucede para los rigurosos racionalistas donde tanta plástica curvilínea resulta incompatible y hasta irreconocible e ilógica en el funcionalismo.

Carpentier descubrió que en América y el Caribe las realidades fantásticas existían, Niemeyer de manera apocalíptica afirma que el racionalismo poético es posible. En los dos casos nos encontramos frente a una auténtica visión de la realidad y una genuina concepción del mundo latinoamericano.

Y, del mismo modo que la obra literaria de Carpentier es legítimamente latinoamericana también lo es la arquitectónica de Niemeyer. En ambas manifestaciones artísticas se halla presente un lenguaje metafórico de la naturaleza, rico en imágenes de género barroco. La conceptualización del barroco, en el sentido dinámico-plástico de la naturaleza y del arte, es para el escritor cubano tan fundamental como para el arquitecto brasileño [7].

6.- Entre Heidegger y Bachelard

Martin Heidegger con su escrito "Building Dwelling Thinking" [8] ("Construir, Habitar y Pensar"), nos ayuda a entender la concepción poética del habitar en su significado de morar más que en el del elemental ocupar. Ese discernimiento es el que ha de poseer un arquitecto al hacer poesía (gr. ποίηση= poíisi= realización, concreción, materialización) arquitectónica. El conocimiento ayuda a la sabiduría. El conocedor puede no saber, en otras palabras puede no ser sabio. El sabio sin duda siempre conoce, por eso es sabio. El constructor, conocedor de su oficio, es capaz de construir técnicamente muy bien, pero puede no llegar a tener la sabiduría de crear espacios bellos, dignos de ser habitados por el hombre. El sabio sin embargo, profundiza en el pensar y en el habitar =

morar, llegando a ser un genuino poeta de la arquitectura en el sentido literal y figurado del vocablo, (poeta = poiitís = gr. ποιητής), un realizador completo, un creador de arquitectura en cuerpo y espíritu. La materialización -diseño u obra- de un genuino pensamiento arquitectónico es por naturaleza poesía. Niemeyer busca de manera arquitectónica en su vivienda unifamiliar das Canoas la fascinación del vivir, habitar y morar. Se acerca de esta manera a la idea de Heidegger: poetically man dwells [9] quien basado en el poema de Hölderlin se refiere al espacio construido, mientras que Hölderlin a las virtudes del hombre. Éste vivir-habitar poéticamente según Hölderlin nos conduce a pensar que si el arquitecto ha de tener una virtud, es la de ser sensible cuando proyecta para que los hombres cuando habiten sus edificios puedan morar poéticamente en ellos a la manera planteada por Heidegger. Para ello, el arquitecto ha de tener un profundo sentido de la belleza, la que no implica sólo beldad externa sino también plena preciosidad interior.

En La Poétique de l'Espace Gastón Bachelard nos invita a reflexionar comparativamente la casa das Canoas con algunos de sus pensamientos filosóficos acerca del hombre y su relación con la vivienda.

Niemeyer en esta su casa parece experimentar aquellos deseos profundos que un hombre tiene para su propio refugio, los que se encuentran ligados al pensamiento creativo generado a partir de la experiencia, la memoria y sus ilusiones. Por otra parte busca para su casa lograr sentirse feliz protegido y expuesto simultáneamente. Proyecta una casa optimista la que lo ayudará a vencer las adversidades y a continuar caminando por la vida y así no sentirse disperso. Y por último materializa casi literalmente una reflexión básica de Bachelard:

"...La casa vitalizada no es una caja inerte. El espacio de vida supera al espacio geométrico..." [10]

En la relación arquitectura-paisaje existe una secuencia que comienza con un topo-análisis, el que le permite conocer con precisión: desniveles, orientación, visuales y vegetación; continúa con un segundo paso en la búsqueda de una topo-filia que intenta la reconciliación entre lo natural y lo hecho por el hombre para reconocer por último con una respuesta topológica la resultante que integra plenamente el hecho arquitectónico con el paisaje.

Con la humildad de su altura física, pero con los ojos bien abiertos, la casa das Canoas se esconde en el paisaje, para observar con espíritu contemplativo el mar, la naturaleza y el horizonte.

7.- Una misiva final

La Casa das Canoas en una superficie aproximada [11] de unos 350m2 resuelve todos los problemas del diseño arquitectónico teniendo en cuenta siempre el valor de la belleza en cada gesto. Niemeyer tratando de imbuirse de la magnificencia del universo y sintiendo su pequeñez humana [12], intenta robarle un gesto de fantasía que se acerque a esa belleza cósmica que la naturaleza y su tierra poseen. En este punto podríamos agregar la reflexión de Alvar Aalto sobre esta obra de la cual sostuvo que se trata de una hermosa flor que no puede ser trasplantada por pertenecer a su apropiado hábitat y ha de ser vista en su propio sitio [13].

La casa en cuestión, eslabón importante en la cadena de su obra completa, materializa desde su profundo deseo estético gestos de ingravidez, levedad, sensualidad y variedad creativa, que provocan sorpresa.

Descubre los secretos de la lógica formal y estructural presentes en la naturaleza para aplicarlos en sus diseños de manera abstracta, sin llegar a la geometría euclidiana. Así, Niemeyer entiende que el hombre puede intervenir en la naturaleza para convertirla en el teatro de sus ilusiones [14].

Su herramienta tecnológica en la construcción de esta casa fue, como para todas sus obras, el hormigón armado. Su fina utilización le permitió convertirse en un escultor de ese material en todas las escalas.

La protesta ha sido su bandera. El valor de arriesgar contra lo establecido, a modo de reparo, intentando demostrar con obras desde muy temprano en su carrera y esta casa en particular, que la arquitectura moderna podía ser más poética que lo relativamente dogmática había llegado a ser.

Un dato que actualiza el valor histórico de ésta casa es el ser antecedente en unos treinta años de arquitecturas vanguardistas de nuestra época. Dos ejemplos característicos dignos de mencionar entre otros son: la dinámica plástica desarrollada por Enric Miralles y las formas impredecibles del hormigón armado utilizadas por Zaha Hadid.

Oscar Niemeyer con la casa das Canoas, aun a pesar del paso del tiempo, nos sigue dejando un gesto de generosidad arquitectónica pleno de enseñanzas filosóficas de percepción y proyectuales digno de tener en cuenta para aprender a ser arquitecto.

42

Notas

1. G. Bachelard, *La Poética del Espacio*, pág. 33
2. C. Conenna, *"Un lirismo Morfotectónico, La arquitectura de Oscar Niemeyer"*, ensayo no publicado.
3. José L. Randazzo, *"El Otro Oscar"*, pág.36
4. E.Rogers, *"Report on Brasil"*, pág. 240 *"...The house an architect builds for himself may be considered in general a manifestation of his aspirations, a kind of witness, a confession of his sins, a holograph in which one can not only examine the visible text but also graphologically trace the secret motives of the text and the deep running roots of the poet's inspiration..."*
5. H. Tomás, *El lenguaje de la arquitectura moderna*, pág. 100
6. O. Niemeyer, *The curves of the times,* pág. 131
7. C. Conenna, *Idem.*
8. M. Heidegger, *Poetry, Language, Thought*, pág.145-161
9. M. Heidegger, *Idem*, pág.213-229
10. G. Bachelard, *Idem*, pág. 75
11. Los 350 m² comprenden estrictamente lo cubierto, sin considerar el espacio semi-cubierto, vale decir 190 m² en el nivel cero y 160 m² en el inferior.
12. José L. Randazzo, *Idem*, pág.34
13. G. Schildt, *In his own words*, p.139
14. O. Niemeyer, *The curves*, pág. 123

Bibliografía

Bachelard Gastón, La Poética del Espacio, versión griega, Atenas 2004

Botey Josep M. Niemeyer Oscar, Obras y proyectos, Barcelona, 1996.

Conenna Claudio, "Un lirismo Morfotectónico, La arquitectura de Oscar Niemeyer", ensayo no publicado.

Heidegger Martin, Poetry, Language, Thought, London, 1975

Niemeyer Oscar, The curves of the times, the memories of Oscar Niemeyer, London, 2000.

Papadaki Stamo, Oscar Niemeyer: works in progress, New York, 1958.

Papadaki Stamo, Oscar Niemeyer, The masters of world architecture, New York, 1960.

Randazzo José L., "El Otro Oscar", 47 al Fondo (Revista de la Facultad de Arquitectura y Urbanismo de la Universidad Nacional de La Plata), La Plata, Abril 1997.

Rogers Ernesto, "Report on Brasil", Architectural Review 116, Londres, October 1954.

Schildt Göran, Alvar Aalto, in his own words, Otava publishing, Helsinki, 1997

Tomas Héctor, El Lenguaje de la arquitectura moderna, La Plata, 1997.

Underwood David, Oscar Niemeyer and Brazilian Free-form Modernism, New York, 1994.

LA CASA INTERIOR DE DULCE Mª LOYNAZ

EFI CUBERO

"Escalas, escalas... Hay que subir mucho, pero estos peldaños no son de luz, sino de piedra dura".

(Dulce María Loynaz, cap. VI, PG. 103 de Jardín)

Fue en noviembre de 1988 cuando me regalaron aquel Jardín cerrado y opresivo de una rara belleza, con un aroma perturbador y hondo, como si todo, flores, ramas y raíces, se hubiera preservado en el silencio más sonoro de un interior apasionadamente contenido.

El libro me llegó desde La Habana, desde la misma casa de El Vedado donde vivía la escritora, con una dedicatoria de letra vacilante y alzada palabra:

"A Efi Cubero, que pueda salir indemne de este jardín. Dulce María Loynaz."

De algunos jardines hemos logrado salir indemnes aunque las espinas puedan tantas veces arañar, pero no de la lectura de aquel recinto extraño y fascinante de la poeta cubana que me tuvo prendida en su lectura hasta rozar el alba con los ojos despiertos. Tan despiertos, que poco tiempo después le dedicaría, a ese libro y a ella, un largo artículo aparecido en una de esas revistas cervantinas de corta duración que algunos profesores y catedráticos de la UB editaban por aquel entonces.

Más tarde, cuando fue galardonada, entre otros, con el prestigioso Premio Cervantes en 1992, yo prologaría su libro Últimos días de una casa (Ediciones Torremozas, 1993), desde donde la contemplo como mi propia interioridad la percibe: frente al acallado grito libertario que doblega y transforma en un susurro, o en una contradictoria dualidad entre el deseo de escapar y de quedarse; de vuelo y permanencia, de palabra y silencio. Y todo ello arropando "ese estilo que el mundo va perdiendo...".

Retomando de nuevo este poemario, yo volvería a subrayar lo que entonces afirmé, de que los senderos por los que Dulce María transita resultan una especie de laberinto donde realidades y sueños se entremezclan, en una atmósfera densa, abigarrada, casi asfixiante, como el cargado aire que precede a la tormenta de los trópicos. La casa, a la cual el jardín protege y cerca, parece nutrirse de su propia leyenda, en sus propias historias detenida. En ella siguen viviendo los personajes que una vez la habitaron, fantasmas de otro tiempo que presiden las estancias de un mundo que se aleja irremediablemente. Gran parte de su obra aparece impregnada de un perfume viscontiniano de soterrada melancolía que puebla cada página como la huella tenue de una rosa que muere.

En ese clima envolvente y hermético, con resonancias de Proust o Lampedusa, no hay temor de que se rompa el claroscuro que evocan los espejos encantados, ni el lirismo que pugna por hallar brechas de huida, que se nutre de anhelos y de desesperanzas y que a veces nos remite, a través del ceremonial intenso y descriptivo de sus páginas, al onírico y lacerado mundo de las hermanas Brontë.

Tiene Loynaz un exacto dominio del lenguaje. La riqueza del léxico empleado se advierte claramente en la plasticidad con que moldea las imágenes, reales o ensoñadas, que configuran un texto, elaborado y complejo, de turbadora simbología, como si la contención espartana de la educación recibida imprimiera su veto al sentimiento, ahogando el gesto espontáneo de la efusión liberadora. Un alto temple interior el de esta creadora que impone su reserva al íntimo vuelo que acaso sea la clave de un especial orgullo inconfesado.

Tal vez lo que salva a la obra de Dulce María Loynaz de un cierto manierismo sea la efervescencia subterránea que aflora en sus escritos, una rebeldía latente desde la celosía que filtra tamizado el sol que hiere y que nos sorprende, en algunos pasajes, con la clarividente certeza de un desmoronamiento que es palpable sobre todo en Últimos días de una casa y en su novela lírica Jardín. "...Hay un jardín que viene sobre el mundo, que derrumbará, con el mortal abrazo de sus ramas, las casas de los hombres, con chimeneas, con banderas, con luces, con mentiras...".

En el jardín que invade los íntimos espacios se halla impreso el simbolismo profético de una desaparición presentida: la desaparición en su país de una clase social determinada que para ella viene a ser como una alegoría de la muerte, la percepción extraña del desmoronamiento:

> Una a una, a su turno,
> ellas me han ido rodeando
> a manera de ejército victorioso que invade
> los antiguos espacios de verdura,
> desencaja los árboles, las verjas,
> pisotea las flores.

Vuelve una y otra vez con inquietante reiteración, y parecidas imágenes, a esa visión obsesiva de índole espiritual que escapa a nuestro análisis. El poema es un largo monólogo, o acaso soliloquio, en el cual proyecta la mansión como si fuera un ser vivo. A punto de ser derribada, y desde la evocadora nostalgia de los seres que la habitaron, la casa se contempla a sí misma sobre una perspectiva metafísica, desde una dilatada e interrogadora reflexión. La soledad se cierne en torno suyo y las formas desaparecidas van quedándole "igual que cicatrices regadas por el cuerpo". Desde ese tono casi agónico asistiremos, verso a verso, al imparable proceso de su descomposición.

Aunque algunos fragmentos aparezcan verticales, Últimos días de una casa es un libro de poesía horizontal –¿tal vez concéntrica?–, remansada, rica de imágenes y cuidadas metáforas que hubiera corrido el riesgo de convertirse en ese "descripcionismo más o menos sonoro" del que hablaba Unamuno, si no se descubriera en él –y a poco que se bucee– unas claves arcanas de profética hondura, de las cuales se sirve la escritora para introducirnos, sutilmente, en las estancias de su propio interior, de su mismo silencio desvelado, de una manera tan hermosa como clarividente y profunda.

Al igual que Lezama Lima, Dulce María procuró siempre permanecer al margen de partidismos políticos. Cuando se le formulaba alguna pregunta al respecto de estas cuestiones, eludía ágilmente la respuesta intentando, por este sistema, no

49

comprometer la independencia mantenida a lo largo de tantos años. Ella afirmaba siempre: "La prudencia forma parte de la edad". Recuerdo aquel último viaje de la escritora a España; al recoger el Cervantes, tenía ese porte de distinción y alejamiento como si fuera algo ajeno a ella el revuelo formado en torno a la concesión del mismo. "Lo bueno es bueno aunque esté oculto", sentenciaba. O: "Literatura es memoria, sueño y sentimiento". Traía el porte sereno y delicado de dama de otro tiempo, pero se adivinaba en esos ojos, apenas ya sin luz, la chispa escrutadora de una vigilante rebeldía. Menuda y sabia, poseía la aparente fragilidad en la que suelen escudarse los más fuertes, los que saben trazar una línea divisoria de protección entre su yo y el mundo.

Desde eternos conceptos como silencio, tiempo o soledad, en Últimos días de una casa Dulce María Loynaz parece definir su propio espacio como un largo poema transitable. Todo aquí se transforma o configura bajo un rítmico esquema anunciando el declive.

Han pasado varios años desde la muerte de la poeta cubana. Se ha escrito mucho sobre ella —nunca será bastante—, principalmente a raíz de la concesión del Premio Cervantes, antes citado, que recibió de manos de los Reyes en España, en 1992. Tan sólo tres mujeres hasta ahora han tenido el honor (o al revés) de ser galardonadas con el prestigioso Cervantes: una, la pensadora española María Zambrano, cuyo recuerdo de la ciudad mexicana de Morelia, como tantos lugares de la América Hispana que ella amaba, siempre la acompañaron; Ana María Matute, la más cercana en el tiempo como galardonada, y Dulce María Loynaz. En torno a ella las voces de los dos continentes volvieron a reunirse, a latir con la tinta eterna de un alma isleña, femenina y compleja, recuperando sus textos olvidados, buscando acaso ese perfil esquivo que trazara la exquisitez punzante de Juan Ramón Jiménez. La poeta cubana vuelta ya "jentil marfilería (...) escueta y fina como el papel de seda fósil (...), carne y espectro (...). Sutil, arcaica y nueva, realidad fosforecida de su propia poesía, increíblemente humana, letra fresca, tierna, ingrávida, rica de abandono, sentimiento y mística ironía" como la retrataría Juan Ramón Jiménez, simbolizaba para algunos tal vez eso y algo más: un carmen que sólo floreció en sí mismo. Aunque a veces, a través de los muros o de las impenetrables celosías, dejase que el perfume se expandiera acercando las claves de su luz penetrante y reflexiva. Pero, precedida y aureolada por tantos adjetivos con los que intentó retratarla el inmortal poeta, y otros muchos, lúcida, prudente y agudísima, dueña de su silencio, de su dominio exacto del lenguaje, cortante sabia y cauta, supo alzarse de nuevo de los estereotipos; dueña y señora siempre de un interior que nunca fue del todo desvelado.

"No sé por qué se ha hecho desde hace tantos días
este extraño silencio..."

Cuando comienza a componer las primeras palabras que encabezan el libro (el poema consta de quinientos veintiún versos), hace dos años que se ha divorciado, tras cinco años de matrimonio, de Enrique Quesada y Loynaz, primo suyo. Un matrimonio que le deja huella y no precisamente deseable. Prudente y reservada, no acostumbra la autora a airear sus desdichas pero, al parecer, por la doble lectura que aparece en alguno de sus textos, podemos vislumbrar el acíbar de una unión que no debió ser fácil agravada también por la imposibilidad de tener hijos. Como la casa en la ficción, ese interior profundo se aferra a los recuerdos y a su mundo ensoñado. Entre onírico y real, lo trasladará hacia una sólida y férrea construcción literaria que, paradójicamente, trata de un edificio condenado a ser víctima de una demoledora destrucción.

Hay mucho de ornamento entre estas paredes que lentamente se van desmoronando, mucha melancolía y a la vez mucha vida que pugna por alzarse frente a la decadencia irreversible.

1945 marca el inicio del poema que finalizará, tras un largo período de once años, según afirma ella, en 1956. En ese paréntesis de apertura literaria y colofón sobre la singular Casa se multiplicarán para la poeta cubana una avalancha de acontecimientos, gozosos casi todos, en una especie de vértigo tan creativo y luminoso como revitalizador.

En 1946 emprende un viaje por varios países de América del Sur y desde allí escribe artículos y crónicas para el periódico habanero El País. En Caracas mantiene un breve encuentro con la poetisa uruguaya Juana de Ibarbourou. La inolvidable autora de La higuera le dedica un encendido elogio al considerarla mejor poeta que ella misma, como también se encargará de leer en la radio lo mejor de su obra. Finalizando el año Dulce María vuelve a casarse, esta vez con el antiguo amor del que consiguieron apartarla en los primeros sueños juveniles, el periodista canario Pablo Álvarez de Cañas, que le devuelve fuerza y confianza. La gran tímida que guarda la escritora cobra así la renovada audacia que caracteriza a estos seres hipersensibles que suelen protegerse con corazas para vencer el miedo a los rechazos o a las tan temidas intemperies. Nuevos vientos y nuevas ilusiones. Pablo será el empuje que la acerque hasta nuestro país, donde se la acoge con admiración, cariño y respeto. España no ha olvidado que Dulce María Loynaz representa la viva memoria de la mejor literatura, que ha sido desde siempre la perfecta anfitriona de los grandes creadores españoles que pisaron La Habana en diversas etapas. Entre todos, dos nombres

míticos imprimen su sello de inmortalidad sobre el hondo silencio de esa "casa encantada", como la bautizara Federico. Lorca plasma en el sueño de los muros una luz transparente y jubilosa como el agua que baja en su Granada, fresca desde las cumbres, salpicando el misterio de poesía. En cambio, Juan Ramón teje frente al olvido una urdimbre que engarza los silencios, abocetando, con maestría inigualable, los distintos perfiles de un ambiente, una atmósfera y, de paso con música de fondo, dibuja en finos trazos color sepia el retrato sutil de cuatro hermanos: los hermanos Loynaz; unidos de por vida, distintos y distantes, componiendo la misma melodía frente al temblor claustral de los espejos que reflejan certeros sus tan huidizas personalidades.

Agasajos, honores y publicaciones de algunas de las obras de la autora cubana se engarzan paralelamente en España y en Cuba. En casi toda América. Las mejores voces literarias elogiarán sus versos y la exquisita calidad de su prosa a veces precisa y cristalina y, otras, como sucede en su novela Jardín, impregnada de un lírico hermetismo; de una cinemática plasticidad que se adueña de imágenes y espacios entre soñados y reales donde con un lenguaje elaborado, rico en sugerencias y matices, traza con sabiduría deslumbrantes metáforas mientras nos introduce en su difícil, complejo, utópico, subjetivo y, a veces, con el cierto aire de un desencantado universo.

La primera edición de Últimos días de una casa saldrá publicada en España en la serie americana de la Colección Palma, con prólogo de Antonio Oliver. Como colofón del poemario una significativa fecha: 31 de diciembre de 1958, que también marca el triunfo de la Revolución en Cuba y que, curiosamente, como el simbolismo de esta Casa indica, se inicia el proceso del desmoronamiento de un mundo refinado y elitista del que Dulce María Loynaz forma parte.

Independientemente de su valor poético, este libro posee una trascendencia inigualable. Habla desde el pasado, anticipando de alguna forma acontecimientos que la autora del mismo estaba, en los años en que el poema fue fraguándose, muy lejos de sospechar o de intuir siquiera.

Directora de la Academia Cubana de la Lengua hasta su muerte, consiguió superar naufragios y tormentas, inamovible y digna, igual que un recio árbol del paisaje cubano en un silencio hondo, como si desde el intimista silencio de su casa habanera rechazara los vaivenes de una época en la que no acababa de encajar. En 1968, la Real Academia Española de la Lengua, que demuestra tener buena memoria, la nombra miembro correspondiente por su apasionada defensa del idioma.

Cuanto más nos adentramos en esta arquitectura interior formada de palabras más claramente percibimos la sagacidad de la escritora, la impecable e implacable sabiduría con que este poema se articula.

Un largo soliloquio de calculada abstracción que permite dar paso a lo figurativo. La casa, maternal, amparadora, congrega en torno suyo los seres y las cosas pero no las representa, las reúne de nuevo cuando se han dispersado o están a punto de desaparecer los que un día la habitaron, los que aún existen y los que se fueron. Personas, objetos cotidianos, naturaleza, atmósfera, silencios y palabras se entrelazan estableciéndose así la secreta armonía que existe entre todo lo creado, por el Ser Supremo y por el hombre mismo. Porque, aparte de algún toque surrealista, la ética moralizante, casi religiosa, predomina sobre los elementos esenciales de la obra. Pasado y presente se alternan y confluyen sobre el hilo conductor de lo evocado. Hombres, paisajes, e incluso objetos, animan las estancias despojadas poblándolas de vida cuando todo concluye.

"Cuando todo se ha perdido menos el recuerdo."

El hermetismo de Dulce María Loynaz es de signo contrario a lo que apuntaba Max Aub con respecto a Mallarmé. En el poeta simbolista "el hermetismo es posterior a su pérdida de la fe, a su creencia en la nada." Por el contrario, en Dulce María Loynaz se manifiesta cuando más firmes son sus creencias religiosas.

Riegl habla de las fuerzas o poderes originarios del ornamento como preformativas energías y mucho de esta ornamental y significativa vitalidad aporta este edificio levantado sobre un orden coherente de escritura y sonoro silencio.

Independientemente de su perfecta construcción poética, lo que de singularidad tiene el poemario es, sin duda, el fundamento en el que se inserta. Filtrar la realidad sin rechazarla, especial clave de los surrealistas y clave también de esta poética impregnada de veracidad y concreción como los espacios internos de una arquitectura que se sabe arropada por su propio misterio. En el soliloquio largo y sostenido desde el que nos habla un edificio que presiente el derrumbe, la autora reconstruye o acaso quizás funda, con sólidos cimientos, esos mismos espacios sustantivos y eternamente intemporales. De manera real, a la vez que ilusoria, les inyecta a través del lenguaje savia nueva, los reviste de nuevas formas, les imprime inteligencia y sentimiento; aportándole vida, emoción y dignidad a aquella vieja y mágica casa habanera, inspiradora de El Siglo de las Luces de Alejo Carpentier, ubicada en la calle Línea, esquina 16, de El Vedado, que un día sintió nacer a la escritora.

Bajo una engañosa apariencia de clara sencillez, que no simplicidad que es concepto distinto, o como pórtico abierto a los interrogantes, esta casa devuelve al que la observa, mediante su lección de inútil resistencia, su sitio de humildad.

Al sumergirnos en las tiradas de versos que forman el recinto, nos dejamos llevar por la cadencia de su belleza externa; por los volúmenes del propio movimiento acompasado de nuestro propio cuerpo recorriéndolo tras ese material que vertebra el idioma y nos devuelve la nada luminosa de un instante apresado, al paso que la inquietante sombra de lo que puede a su vez enmudecernos puesto que, tras la abierta cancela, se hallan también los muros: claustrofóbico cerco coartando libertades. El poema leído es hermoso en sí mismo, como la propia piedra diestramente tallada, pero también es arquitectónico, puesto que se penetra en su interior viviéndolo desde dentro, en la virtualidad de un amplio y reflexivo deambular por sus líneas tan bien trazadas por la experta mano.

Para la autora cubana esta casa simboliza su propia resistencia. También el referente de una forma de vida. La estructura da cuerpo a la palabra hasta hacerla legible, a la vez que la orienta en esa conjunción de tiempos enfrentados; la verticalidad del rascacielos, símbolo del futuro que ella percibe como una amenaza y la compacta horizontalidad de espacios conocidos que la amparan y aíslan, como coraza protectora, de lo que no desea.

"El mundo es una urdimbre cada vez más espesa que no deja respiro a los silencios."

Ya no es la naturaleza selvática la que invade los espacios como sucedía en su novela Jardín, ahora es el uniformado cemento el que arrasa y destruye toda huella en la estabilidad de lo fundado. Cemento perforado. / El mundo se nos hace de cemento. / Cemento perforado es una casa. / Y el mundo es ya pequeño, sin que nadie lo entienda —nos advierte— o, cuando contempla las nuevas estructuras alzarse como intrusas "poderosos los flancos, / alta y desafiadora la cerviz" mientras se siente ya su prisionera, extranjera en su propio reino, desposeída de los bienes que siempre fueron míos. Muchos años más tarde Dulce María, al igual que la casa, hablará claro y alto de otra desposesión... Pero eso es otra historia.

No hay nada complaciente en el largo monólogo, si acaso representa un conflicto. Existe aquí una voz autárquica de la cual el recinto se alimenta, metáforas que ahondan sobre el propio sentir de la escritora desde su propio yo íntimo y recóndito, adelantándose a lo que después vendrá, añadiendo conceptos, seleccionando imágenes, proyectando secuencias. Una mirada que sigue un cauce de exigencia personal reconocible en la fuerza recreadora de elementos y formas; lo útil, lo inventado, la técnica acompañando a la creación; la creación al depurado oficio...

El poema reúne ambos sentidos, la tersa superficie transitable y la hermética hondura de ese fondo que escapa a toda regla como el misterio siempre inescrutable que la creación conlleva.

A perder y ganar hecho está el mundo...

Y, más abajo:

> Amanecemos otra vez.
> Un día nuevo, que será
> igual que todos.
> O no será, tal vez... La vida es siempre
> puerta cerrada tercamente
> a nuestra angustia.

Versos que nos acercan imperiosos dejándonos la huella de una conmovedora melancolía. Pisamos las estancias del olvido sintiendo respirar este silencio, esta angustiada voz, como si palpitara en algún sueño el ser vivo que habita en el poema. Sentimos que este sitio está lleno de vida. Aquí se han dado cita todas las emociones y todas las renuncias; la alegría, la esperanza, la memoria, las rosas cultivadas, la dulzura de mangos que ya nadie recoge, las risas infantiles, los retratos amados que vuelan y desaparecen, el desencanto y los desasosiegos, la pena, la duda, las incertidumbres o la presencia de los que se fueron. Es una arquitectura formada de emoción y pensamiento, de inteligencia y vida. De sensibilidades (no de sensiblerías). También la muerte ronda por las habitaciones y el nombre de una niña, Ana María, solamente ese nombre, vaga por los espejos, evanescente y pura, como una oblicua luz que atraviesa el espacio, que jamás se evapora en el recuerdo.

Las mujeres y la casa norteamericana de la segunda posguerra

BEATRIZ GUERRERO GONZÁLEZ

Introducción

Cuando se habla de la casa es, consustancialmente, hablar de las mujeres. Aunque han pasado muchas décadas desde que las mujeres norteamericanas fueron "confinadas" a sus hogares después de la Segunda Guerra Mundial, convenciéndolas de que su deber patriótico era regresar a establecer un cierto orden que se había alterado en tiempos de guerra (los hombres en el trabajo y las mujeres al cuidado de la casa y los hijos), todavía hoy, en la segunda década del siglo XXI, esta idea sigue arraigada en muchas sociedades tanto occidentales como no occidentales. Según Atxu Amann, la casa -en un sentido antropológico- tiene significados diferentes: para el hombre es un símbolo de poder y de estatus, mientras que, cuando se relaciona con la mujer, se está "hablando del hogar, del espacio interior y sus necesidades físicas y psicológicas." (1)

Este ensayo habla sobre la situación de muchas mujeres norteamericanas suburbanas durante la segunda posguerra y los años posteriores, frente a unas circunstancias nunca antes experimentadas. Cambios políticos, económicos, sociales y culturales, entre otros muchos, contribuyeron a definir una nueva configuración y organización espacial de la casa, siendo principalmente las mujeres las que experimentaron (y muchas veces padecieron) esos cambios.

La casa para la sociedad norteamericana, blanca de clase media, fue el ideal a alcanzar. Dicha sociedad buscó su identidad al afirmarse a través de sus viviendas y los objetos que contenía (entre éstos, los electrodomésticos que, además de convertirse en objetos que daban un estatus, prometían hacer del trabajo doméstico y la vida de las amas de casa más fácil y feliz).

Mujeres durante la guerra

Como consecuencia de la falta de mano de obra para las industrias de guerra debido al alistamiento de los hombres para servir como soldados, más de tres millones de mujeres americanas abandonaron sus hogares para salir a trabajar, pasando de ser 12 a 16 millones de mujeres empleadas hacia 1942. Las mujeres poco a poco fueron desempeñando trabajos que tradicionalmente estaban reservados para los hombres: trabajaron en talleres, siderúrgicas, fábricas de aviones y astilleros, y además una gran cantidad de mujeres también se alistaron en los cuerpos femeninos de las fuerzas armadas donde prestaron servicios auxiliares. En 1942 la War Labor Board reconoció el principio de "a igual trabajo, igual salario" que permitiría la igualdad de paga para hombres y mujeres, sin embargo esta iniciativa quedó a cargo de los empresarios que, ignorando la normativa, crearon nuevos puestos de trabajo clasificándolos como "trabajo para mujeres," pagándoles incluso menos que antes. (2)

Aunque la construcción en general durante la Segunda Guerra Mundial estaba restringida, el gobierno construyó dos millones de viviendas para los llamados "trabajadores de la defensa" y sus familias. También se asignó dinero para otros servicios relacionados con el hogar para varios millones de Rosie-the-Riveters (3) que trabajaban en las fábricas de aviones y municiones. Se crearon centros federales de asistencia para el cuidado de los hijos de las mujeres trabajadoras pero, según dejó claro el gobierno, el cuidado de los niños era una responsabilidad pública exclusivamente en relación con las necesidades de la guerra. (4)

A partir de 1945 millones de hombres y mujeres fueron despedidos de las fuerzas armadas, pero sobre todo a muchas de las 20 millones de mujeres que habían sido empleadas durante la guerra las destituyeron o las bajaron de categoría para garantizar los puestos de trabajo de los miembros de las fuerzas armadas de Estados Unidos. (5) Incluso, aunque la proporción de mujeres trabajadoras hubiera descendido, "este porcentaje seguía siendo superior al 25,5 por 100 de la etapa prebélica" lo que pone de manifiesto que las mujeres que habían trabajado no podían olvidar tan fácilmente "la emancipación temporal de que disfrutaron." (6) Las mujeres gozaron de un breve periodo de independencia e incremento en su sociabilidad que sus abuelas en el siglo XIX no podían siquiera imaginar. La "independencia constituye la base para una cierta autonomía en el juego, aun cuando el trabajo siga siendo, como ocurre en casi todas las mujeres empleadas, rutinario." (7)

Situación de las mujeres norteamericanas después de la guerra

A estas mujeres que habían trabajado en las industrias de la guerra se les dijo que su deber patriótico era llevar su fuerza de trabajo al hogar para ser amas de casa, madres y especialmente consumidoras, para que la economía se pusiera en marcha nuevamente. (8) Para incentivarlas se les prometió que no volverían al trabajo pesado de las tareas domésticas en las casas pobremente diseñadas y equipadas de la preguerra, pues ahora se les ofrecía viviendas construidas con los adelantos tecnológicos y materiales que anteriormente se habían utilizado para la guerra, pero que gracias a la investigación financiada por el gobierno se ponían al servicio doméstico. Como dice Gwendolyn Wright:

> "Los estímulos para la investigación en nuevas tecnologías para la construcción tuvieron un gran respaldo. La prefabricación parecía un camino prometedor para la construcción de bajo coste y mayor número de unidades. Con el financiamiento del gobierno los materiales que habían sido usados durante la guerra resultaron exitosos: paneles aislantes de madera contrachapada para las paredes, techos de madera laminada, entramados de acero soldado para techos, paneles de pared con marcos de acero con revestimientos de madera, tablas de yeso "predecoradas" para los techos, todo producido en fábricas. Las compañías que habían desarrollado los nuevos materiales demandaron del gobierno un apoyo continuo." (9)

Esta preocupación por la eficiencia y la tecnología hacía parecer el trabajo doméstico como si fuera más científico y profesional, e incluso a las amas de casa se les llamaba, recogiendo la tradición del siglo XIX, "ingenieras domésticas" o "economistas del hogar," haciéndolas creer que la moderna tecnología funcionaba bajo su mando. Buscando el "regreso a la normalidad" renacieron antiguos valores como el culto a la domesticidad, la separación de las esferas y el mito agrario. Los hombres volvieron a establecer su primacía como jefes de familia, "un papel que había salido de su control durante las pasadas décadas" (10) y de este modo, el lugar que generalmente ocupó la mujer de la postguerra fue casi exclusivamente el hogar. Como señalaba Elaine Tyler May en 1954, "bajo la presión cultural y con escasas opciones para trabajar fuera del hogar, la mujer, contenida y limitada, se puso su arnés doméstico." (11) Durante este periodo, por tanto, la mayoría de las mujeres renunciaron a sus trabajos a favor de los cerca de siete millones de veteranos de guerra que regresaban a la vida civil.

Durante la siguiente década posterior al final de la Segunda Guerra Mundial, lo que se esperaba de las mujeres de clase media era que se dedicaran a la crianza de los hijos y a la gestión del hogar, mientras sus maridos trabajaban fuera. De esta manera, las mujeres se convirtieron en el centro de la vida hogareña, en esposas modernas, es decir, esposas consumidoras.

El medio para conseguir que las mujeres volvieran al hogar fue la literatura y propaganda contemporáneas, que intentaban dejar claro que una de las principales preocupaciones de los promotores, constructores, fabricantes de productos para el hogar, arquitectos y diseñadores de viviendas, era hacer que la casa fuera un lugar en donde la mujer pudiera realizar sus labores domésticas de un modo más fácil, cómodo y eficaz. Por ejemplo, en uno de los muchos libros sobre el diseño de casas publicados inmediatamente después de la guerra –Building or Buying a Home– se hace referencia a las múltiples actividades que se suponía que tenía que realizar el ama de casa durante el día:

> "El ama de casa en la familia media pasa la mayor parte de un día normal dedicada a las tareas del hogar. Estas incluyen cocinar y servir comidas, lavar los platos, hacer las camas, lavar la ropa, hacer conservas, bañar y cuidar a los niños y contestar el teléfono o el timbre de la puerta, por mencionar solo unos pocos. A causa de la complejidad del trabajo de ama de casa, los primeros requisitos de un hogar bien planificado son disponer de áreas de trabajo alegres y ordenadas, para conseguir en la medida de lo posible librarse del trabajo pesado." (12)

Acompañando este texto se mostraba una ilustración de una figura femenina (a la que llama Mrs. Average Housewife) encerrada en un círculo, en el centro de una serie de dibujos donde la señora se representa realizando todas aquellas actividades enlistadas en el texto. En la página siguiente, otro diagrama (bajo el título "una localización central de la cocina ahorra pasos al ama de casa") mostraba las soluciones arquitectónicas propuestas para hacer más eficiente este trabajo doméstico: en una perspectiva isométrica se dibuja una parte de la casa, con una figura femenina en la cocina "mirando" a través de la ventana (controlando las actividades de los niños en un patio trasero) y una serie de líneas que parten de la figura marcando los recorridos directos y cortos hacia los espacios domésticos que contienen las actividades antes descritas. A la vista de este último diagrama, parecería que la planta abierta y una buena organización espacial podría ser una solución para este ahorro de circulaciones.

Junto a las modificaciones en la organización espacial y la planta abierta, estaban también las promesas liberadoras del trabajo doméstico por parte de los fabricantes y los comerciantes, quienes, a través de los medios de comunicación, decían que con sus nuevos electrodomésticos la vida sería más sencilla. De esta manera, las campañas publicitarias se dirigieron especialmente a las amas de casa puesto que ellas eran, desde décadas anteriores, las encargadas del presupuesto familiar.

Selling Mrs. Consumer

"Lo más importante es entender que es en las manos de la mujer norteamericana, Mrs. Consumer, en donde se concentra el gran poder adquisitivo. No estoy presumiendo de la vanidad de Mrs. Consumer, ya que en gran parte ella no es consciente de su abstracto papel como consumidora." (13)

Las mujeres de la posguerra, que se fueron a vivir a los suburbios alejados de las ciudades, estaban desarraigadas, lejos del resto de la familia, y viviendo en un entorno extraño. De esta manera, el ama de casa suburbana "fue presa fácil de las agencias de comunicación" (14) que les informaban sobre cómo debía ser la vida de la clase media, a la cual pertenecían, y con qué productos podían satisfacer esas vidas. David Riesman, en un libro de esa época, hace referencia a la presión que el consumo produce en las personas y en particular sobre las mujeres: la presión por parte de la sociedad hacia las mujeres es evidente, puesto que "las mujeres son los líderes aceptados del consumo en nuestra sociedad." (15)

Obviamente, los productos más consumidos eran los artículos para el hogar, y en especial los nuevos electrodomésticos: estufas, refrigeradores, lavadoras, secadoras, tostadoras, cafeteras, batidoras, etc. El incremento en el número y tamaño de estos electrodomésticos implicaba cada vez más espacio para instalarlos y para guardarlos. Al mismo tiempo, los fabricantes sacaban cada vez más modelos novedosos, en colores y aplicaciones variadas, haciendo sentir a la mujer que necesitaba obtener ese último modelo. Esta profusión de electrodomésticos, junto con un cambio social en el modo de vida norteamericano, modificaron el concepto de la cocina en las viviendas de clase media, que si en los años treinta había sido confinada a un pequeño espacio cerrado, adaptado a medidas mínimas, ahora en la posguerra sus dimensiones se iban incrementando e incluso se abrió al resto del área del living, convirtiéndose en un espacio para ser visto que, al mismo tiempo, no aislaba al ama de casa lejos del resto de las actividades y ocupantes de la vivienda. (16)

Para la feminista Betty Friedan, el papel de las mujeres, además de desempeñarse como amas de casa, era el de comprar más cosas para la vivienda. "En todo el discurso de la feminidad y del rol femenino, nos olvidamos que el asunto que de verdad interesa en América es el negocio." (17) En un material de investigación del Institute for Motivational Research (Instituto para la Investigación Motivacional) recogido por Friedan, ésta descubrió lo útil que resultaba por medio de la persuasión publicitaria "mantener a las mujeres estadounidenses en su rol de amas de casa", hasta el punto que "si se les manipulaba adecuadamente, a las amas de casa estadounidenses se les puede dar un sentido de la identidad, de propósito, de creatividad, una autorrealización, incluso la alegría sexual de la que carecen, a través de la compra de cosas." (18)

La mística femenina en la casa ideal
Debemos a la citada Betty Friedan una de las críticas más agudas acerca del modo cómo se manipuló lo que ella llama "la mística

de la feminidad", que dio título a un libro fundamental para el feminismo de la época (The Feminine Mystique, 1963) donde analiza diversos aspectos de la condición de la mujer y el ama de casa durante los quince años posteriores a la postguerra. El libro se inicia con la detección de un "malestar que no tiene nombre" que aquejaba a muchas mujeres estadounidenses de los años cincuenta y principio de los sesenta, y dedica el resto del libro a intentar definirlo. Esta mujer,

> "ama de casa de los barrios residenciales: imagen soñada de la mujer joven estadounidense y envidia, según se decía, de todas las mujeres del mundo (…) liberada por la ciencia y los electrodomésticos que hacían el trabajo por ella (…) y solo tenía que preocuparse por su marido, su casa y su hogar. Había encontrado la auténtica realización femenina (…) Gozaba de libertad para elegir el automóvil, la ropa, los electrodomésticos y los supermercados; tenía todo aquello con lo que cualquier mujer siempre soñó." (19)

¿Cuál era entonces ese malestar, que según Friedan, salió a la luz a principios de los sesenta, poniendo en crisis la imagen idealizada del ama de casa feliz y con todo lo que podía desear? Friedan recoge en su libro una encuesta realizada en 1945 a 4.500 amas de casa - de clase media, con estudios de instituto o de college- centrada en la psicología del cuidado del hogar y la actitud de la mujer frente a los electrodomésticos (que se relacionaba con su actitud hacia las tareas domésticas en general). En ésta se clasificó a las mujeres estadounidenses en tres categorías: la "Auténtica Ama de Casa," la "Mujer de Carrera o Aspirante a mujer de Carrera" y la "Creadora de Hogar Equilibrada." Esta tercera categoría es lo que el mercado denominaba "la mujer ideal;" estas mujeres tenían intereses fuera de casa, habían trabajado antes de casarse y aceptaban que los aparatos electrodomésticos podrían facilitarles la vida a la hora de "gestionar una casa bien llevada." De esta manera, los fabricantes de electrodomésticos, a través de la publicidad, tratarían de que cada vez más mujeres quisieran pertenecer a esta última categoría: "El arte de ser buena ama de casa -decía el informe- debería ser el objetivo de cualquier mujer normal." (20) La pertenencia a esta categoría significaría aspirar a ser un ama de casa moderna, en una casa moderna.

I

Sin embargo, el "malestar que no tiene nombre" -y que muchas mujeres no se atrevían a verbalizar (porque pensaban que las demás mujeres sí estaban satisfechas con su vida)- llevaba a la pregunta de "¿qué tipo de mujer era ella si no era capaz de sentir aquella misteriosa plenitud encerando el suelo de su cocina?" (21) Se sentían culpables de tenerlo todo y no sentirse satisfechas, buscando en los objetos materiales una realización que éstos no podían dar, y así -dice Friedan- "son presa fácil para cualquier producto que supuestamente les prometa alcanzar ese estatus -un estatus que no se puede alcanzar a través del esfuerzo ni del logro personal." (22)

Esta realidad nos lleva a preguntarnos si toda esta tecnología permitía que, a través de los electrodomésticos, la vida de las mujeres fuera más fácil y placentera o si, realmente, lo que hacía era incrementar el número de horas del trabajo doméstico, puesto que, ya que se tenían todos estos avances, había que utilizarlos. En el fondo, los electrodomésticos pretendían suplir a los sirvientes. Sin embargo, la utilización de los mismos implicaba aprender a utilizarlos, mantenerlos, limpiarlos, y todo ello estando la mujer sola a cargo de las tareas domésticas.

Publicaciones y televisión para mujeres

El consumo se centró en objetos y equipamientos para el hogar sobre todo gracias a las llamadas shelter magazines. (23) Este consumo alcanzó su punto álgido en la década de 1950 y tuvo una gran influencia en la formación del gusto de los consumidores por el diseño interior, puesto que ahora ya tienen información para poder elegir. En el manual de decoración The Complete Book of Interior Decorating (1956), citado por Anne Massey, los periodistas del hogar Mary Derieux e Isabelle Stevenson aconsejaban a la lectora: "Empieza un cuaderno de notas dotado de índice donde irás coleccionando artículos de revistas, anuncios de nuevos tipos de accesorios y mobiliario, fotos de habitaciones y esquemas de color que te atraigan." Se le aconsejaba además no tener miedo a "expresar tu propio gusto al hacer tus elecciones. Es tu casa." (24)

La imagen de la mujer que las revistas creaban en los años posteriores a la Segunda Guerra Mundial fue poco a poco transformándose desde la mujer trabajadora de los años treinta a la feliz ama de casa de finales de los cincuenta. Este análisis lo realizó Betty Friedan con la lectura atenta de algunos de los artículos de aquellas revistas, cuyos títulos eran tales como "La feminidad empieza en casa", "Tal vez sea un mundo de hombres", "Ten criaturas mientras eres joven", "Cómo cazar a un hombre", "¿Debo dejar de trabajar cuando me case?", "¿Estas preparando a tu hija para que sea buena esposa?", "Carreras en el hogar", "¿Tienen que hablar tanto las mujeres?", "La política, un mundo verdaderamente de hombres", "Nuestro bebé nació en casa", "Para mí la cocina es poesía" o "La empresa de administrar un hogar." (25) Simplemente con los títulos se sobreentiende la tendencia de tales artículos, lo que pretendían y a quién iban dirigidos.

Como sigue diciendo Friedan: "A finales de 1949, solo una de cada tres heroínas de las revistas femeninas era una mujer de carrera -y se solía presentar en el momento en que renunciaba a su carrera y descubría que lo que de verdad anhelaba era ser ama de casa." Después de revisar los números de 1958 y 1959 de tres de las principales revistas femeninas (McCall's, Good Housekeeping, Ladies' Home Journal) no encontró una sola protagonista que se dedicara a otra cosa que no fuera: "Ocupación: sus labores."

La casa moderna, con su planta abierta pretendía fomentar la tan aclamada "unidad" (a la que se referían en la época líderes políticos y religiosos como unidad familiar, social, religiosa, política), en donde no había cabida para un espacio propio e independiente para la mujer. Se podría hacer un paralelismo con la personalidad de la mujer suburbana de la década de 1950 que, de acuerdo con Friedan, carecía de "un yo independiente que ocultar", puesto que ella existía sólo y a través de su marido y de sus hijos.

Además de las revistas femeninas, la televisión también tuvo una gran influencia en la vida de las familias en general y particularmente en las mujeres suburbanas. La televisión con sus promesas de llevar el exterior -muchas veces lejano y exótico- al espacio interior privado y poder "viajar" (aunque solo fuera una ilusión) sin salir de la casa, para muchas mujeres se convirtió en un motivo más por el cual estar confinada en su hogar. Aunque a menudo la televisión se promovía como el gran instrumento de la unión familiar, muchas veces lo que en realidad provocaba era el aislamiento y el confinamiento de la mujer dentro de su propia casa. Los anunciantes no perdían la oportunidad de "resolver" este problema con nuevos productos. Un anuncio de Hotpoint de un lavavajillas eléctrico decía: ¡"Por favor… deje que su esposa entre al living room! En el anuncio se ven dos imágenes, una de una mujer lavando una torre de platos, mientras en la otra están el marido y los hijos disfrutando de un programa de televisión; obviamente, para los comerciantes la solución a todos los problemas familiares era consumir. Aún en las imágenes de las revistas en donde los espacios estaban abiertos, las actitudes en las que se representaba a la mujer eran la de servir o simplemente estar confinada en un extremo de la imagen.

La preocupación de las mujeres por la imagen de su casa incluyó la incorporación de un "mueble tecnológico" que nunca había estado antes en los hogares norteamericanos. Según Lynn Spigel, en su estudio sobre la televisión, la publicidad y el espacio doméstico la define de esta manera, "la televisión no era más que un punto focal de la habitación; más bien era una fealdad tecnológica, algo que amenazaba con desestabilizar la unidad de la decoración interior." (26) Por ello, revistas de decoración dirigidas a mujeres daban consejos de cómo poder "camuflarla", así como algunos fabricantes le daban el estatus de mobiliario colocándola en un mueble y añadiéndole puertas en madera de gran calidad. De acuerdo con Spigel, es interesante ver estos intentos de hacer invisible al televisor a pesar de que éste representaba, según "la memoria crítica y popular," un bien de consumo que daba un estatus de clase para los norteamericanos de clase media de la posguerra. A la vista de esto parecería que "el placer visual estaba en desacuerdo con la exposición de la riqueza del hogar." (27

Conclusiones

Las parejas jóvenes que se mudaron a los suburbios esperaban encontrar la casa soñada y tener una vida de ensueño. Los anunciantes y fabricantes, a través de los medios de comunicación, trataban de mostrar los modelos de vivienda y productos que podrían hacer realidad aquel sueño. Los artículos de las revistas femeninas pretendían ayudar a las mujeres a adaptarse a su nueva situación suburbana, tratando de convertirla en una vida perfecta. Sin embargo, una casa de ensueño es solo eso: una irrealidad, y las vidas perfectas no existen. Fue un momento histórico en que la gran clase media estadounidense logró un alto nivel de vida, comparado con décadas anteriores sobre todo durante los años de la gran depresión. Aparentemente, las mujeres en esta época tenían todo lo que podrían desear, y sin embargo, tan pronto como a principios de los años sesenta, comenzaron a vislumbrarse los síntomas del "malestar que no tiene nombre." Un malestar que no tiene tanto que ver con la propia configuración de la vivienda (puesto que, como hemos visto, hay una serie de mecanismos y logros espaciales que trataban de hacer la vida de las mujeres en sus casas más fácil), puesto que estas viviendas modernas no podían, por más que lo intentaran, satisfacer unas necesidades de las mujeres como sujetos pensantes, activos, con sentimientos, con aspiraciones, en donde la arquitectura ayuda pero no es determinante a la hora de resolverlas.

Una buena y gráfica conclusión de lo que sucedió en los suburbios reales y no soñados la da el título del conocido y difundido libro del sociólogo John Keats, The Crack in the Picture Window, (28) en donde, en forma de relato, cuenta la vida suburbana "sin maquillaje," donde uno de los elementos arquitectónicos fundamentales de la nueva vivienda, el gran ventanal que permitía relacionar el interior y el exterior, fue incapaz de resolver la gran separación existente entre la vida doméstica y el mundo exterior de la ciudad, las relaciones y el trabajo.

Notas

1. Amann Alcocer, Antxu, El espacio doméstico: la mujer y la casa, Buenos Aires: Nobuko, 2011.
2. Ver Adams, Willi Paul, "De la guerra mundial a la sociedad de la abundancia, 1941-1961" en Los Estados Unidos de América (1977), Madrid / México: Siglo XXI, 1987, p. 337.
3. La imagen es la de Rosa Bonavita que clavó un récord de 3,345 remaches en un bombardero en 1943. Se convirtió en icono cultural de los Estados Unidos representando a las mujeres que trabajaban en las industrias manufactureras que producían municiones y material para la guerra. Esta imagen es considerada un icono de las feministas en USA.
4. Ver Wright, Gwendolyn, Building the Dream. A social History of Housing in America, Cambridge (Mass) / Londres: The MIT Press, 1983.
5. Las cifras de estos despidos están recogidas en Idem, p. 242.
6. Adams, Willi Paul, "De la guerra mundial a la sociedad de la abundancia, 1941-1961" en Los Estados Unidos de América cit, p. 337.
7. Riesman, David, y otros, La muchedumbre solitaria, Barcelona: Paidos, 1981, p. 334.
8. Ver Baxandall, Rosalyn; Ewen, Elizabeth, Picture Windows. How the Suburbs Happened, Nueva York: Basic Books, 2000.
9. Wright, Gwendolyn, Building the Dream. A social History of Housing in America cit, p. 244.
10. Havenhand, Lucinda Kaukas, "Looking through the Lens of Gender: A Postmodern Critique of a Modern Housing Paradigm", Journal of Interior Design, vol. 28, n° 2, septiembre, 2002, p. 8.
11. Cit. en Meyerowitz, Joanne, Not June Cleaver: Women and Gender in Postwar America 1945-1960, Philadelphia: Temple University Press, 1994, p. 3.
12. Johnstone, Kenneth B. y otros, Building or Buying a Home. A Guide to Wise Investment, Nueva York / Londres: McGraw Hill, 1945, p. 42.
13. Frederick McGaffey, Christine, Selling Mrs. Consumer, Nueva York: The Bussines Bourse,1929, p. 3.
14. Baxandall, Rosalyn; Ewen, Elizabeth, Picture Windows. How the Suburbs Happened cit: "Los representantes de la industria del consumo, las nuevas formas de los medios de comunicación de masas y un grupo de profesionales expertos que escribían en la prensa popular (...) hicieron todo lo que pudieron por educar a las familias acerca de la importancia de la correcta domesticidad femenina. Todos ellos tenían un interés en el ama de casa que era quien mantendría la prosperidad de la economía." p. 150.

15. Riesman, David y otros, La muchedumbre solitaria cit.
16. Ver Massey, Anne, El diseño de interiores en el siglo XX, Barcelona: Destino, 1995, pp. 165-166.
17. Friedan, Betty, La mística de la feminidad, Madrid: Cátedra, 2009, p. 62. Ver también Leslie, Deborah; Reimer, Suzanne, "Gender, modern design, and home consumption", Society and Space, vol. 21, 2003, pp. 293-316.
18. "La subversión de las vidas de las mujeres en Estados Unidos en provecho de los negocios no es más sorprendente que la subversión de las ciencias del comportamiento humano en provecho del negocio de engañar a las mujeres acerca de sus verdaderas necesidades." Friedan, Betty, La mística de la feminidad cit, pp. 263-264.
19. Idem, p. 54.
20. Idem, pp. 264-266.
21. Idem, p. 55.
22. Idem, p. 329.
23. Las shelter magazines son revistas con una línea editorial enfocada en el diseño interior, la arquitectura, el amueblamiento del hogar, estilos de vida y, a veces, la jardinería. Algunas de estas revistas eran Better Homes and Gardens, Ladies' Home Journal, McCall's, House Beautiful, Good Housekeeping o Woman's Home Companion.
24. Massey, Anne, El diseño de interiores en el siglo XX cit, p. 163.
25. Friedan, Betty, La mística de la feminidad cit, pp. 81-82.
26. Spigel, Lynn, "Installing the Television Set: Popular Discourses on Television and Domestic Space, 1948-1955", en Spigel, Lynn; Mann, Denise, Private Screenings: Television and The Female Consumer, Minneapolis (MN): University of Minnesota Press, 1992, p. 332.
27. Ibidem.
28. Keats, John, The Crack in the Picture Window, Boston: Houghton, 1956.

Habitar la casa

VANIA VERÓNICA HENNINGS HINOJOSA

En el campo de la arquitectura es muy frecuente referirnos a la casa como un objeto que engloba aspectos tipológicos, funcionales, constructivos y muchos otros que se refieren esencialmente al objeto físico. Sin embargo, detrás de estos aspectos puramente "técnicos", la casa se expresa, la casa propicia, la casa forma parte de la vida del ser humano y engloba una serie de significados que nos ayudan a comprender y conocer las diferentes culturas de nuestro planeta. Consecuentemente, como arquitectos, no debemos considerarla como un objeto aislado, separado del ser humano, habitador de este espacio; al contrario, debemos sensibilizarnos ante un espacio que parte del ser humano esencialmente y es para el ser humano esencialmente. Nos referimos a un espacio que forma parte de un lugar, un tiempo, una cultura con su forma de vida, sus actividades, sus necesidades y sus sueños.

Es así que, en el presente documento, se busca representar el sentido amplio de "lugar para vivir" sin hacer referencia a un tipo de casa en especial, como unidad cultural ya determinada. Si bien el análisis de la expresión formal (significante) de la casa corresponde a la labor del arquitecto con el fin de conocer las reglas de su conformación en el espacio, el arquitecto requiere, además, sensibilizarse ante aquello que para el usuario significa la casa. Este aspecto parece estar negado a la intervención del arquitecto pero, sin embargo, contribuye de manera significativa en las diversas propuestas que podamos generar. Como arquitectos, la comprensión y estudio de estos significados potenciarían el valor de la casa erradicando la pauta rectora de vivienda actual que se refiere al aspecto económico y no al aspecto humano. El arquitecto, así como el estudiante de arquitectura, tendrá un nuevo compromiso en lo que se refiere a la casa, adquiriendo conocimientos sobre este objeto arquitectónico, esencialmente destinado al ser humano y generado a partir de significados que deben tomarse en cuenta en la actividad proyectual. No es posible lograr una arquitectura responsable sin sensibilizarse ante los significados de la casa.

El estudio etimológico del término "casa"[1] señala la importancia de la casa como la habitación primera y denota una jerarquía, un pertenecer y un sentirse pertenecido. Por ello, se dice que la casa representa el centro de la existencia humana, nos pertenece porque en ella "somos", es un espacio humanizado, un espacio hecho a imagen y semejanza del ser humano. La casa no es sólo el techo y los muros que resguardan a sus habitantes[2], está cargada de un significado mucho más complejo; la expresión familiar "entro en mi casa", o la emoción contenida en la exclamación: "¡mi casa!" son suficientes para comprender su esencia. Por ello, la casa es a la vez un continente de objetos y de seres humanos y un contenido de significados. Otro término que parece surgir reiteradamente es "habitar"[3], un término que desde su etimología denota la manera en que se experimenta ese permanecer, en completa paz y tranquilidad. Por ello, habitar se refiere a llevar a la paz de manera positiva y esto se produce cuando se deja algo en su esencia, en lo que es permanente e invariable. El rasgo fundamental de habitar es ese cuidar (mirar por), ese permanecer a buen recaudo permitiendo la paz y el descanso del ser humano. Esta es una condición que permite al ser humano "vivir" y llevarlo a su esencia, al encuentro consigo mismo, a la libertad de "ser". La única posibilidad que el hombre tiene para ser y estar en el mundo es habitándolo, dice Heidegger. De esta manera, el hombre crea su propio mundo en el cual habita creando límites para tener la seguridad de poder decir "habito allí" y tener la grata sensación de "estar en casa".

Al habitar, se produce una relación muy compleja entre el ser humano y la casa (objeto). Esta relación se puede resumir en dos características fundamentales. La primera es que el ser humano se identifica con el objeto[4], en este caso, con la casa. Bachelard puntualiza esta situación citando a Noël Arnaud que dice: "Je suis l'éspace où je suis" (Yo soy el espacio donde estoy)[5]. Esto implica que el ser humano se encuentra sumamente identificado con su espacio, su casa llega a formar parte de su ser. Al habitar el ser humano "es" ese espacio, existe una simbiosis muy importante entre ellos. Como bien dice Aldolph Loos: "Tu casa se hará contigo y tú con tu casa"[6]. La segunda característica es que entre el ser humano y la casa se genera una relación de "uso". El ser humano usa la casa y se transforma en "usuario" de este objeto arquitectónico. Esta consideración nos lleva aseverar que cada tipo de objeto tiene propiedades específicas que hacen que lo utilicemos de diversas maneras, siendo, la casa utilizada por el ser humano[7] de la única manera posible, es decir, habitándola.

La casa, como espacio arquitectónico, y su relación con el ser humano produce una simbiosis muy difícil de explicar, siendo las obras de innumerables poetas y escritores las que sugieren muy sutilmente esta conexión espiritual que va más allá del entendimiento humano. La casa penetra los caminos de la imaginación aglutinando costumbres, colores, preferencias, modos de habitar, sueños, creencias, tabús, en fin, saberes básicos que sumados a la acción de habitar logran esa espacialidad poética. Entonces, la casa es un arte creado o producido por el espíritu humano y la poesía produce ese contacto íntimo entre el ser (casa) y el ser humano que la habita. De esta manera, la poesía expresa esa profunda intercomunicación y representa un alimento espiritual que indaga en el mundo de nuestras emociones. La obra y pensamiento de Luis Barragán tiene una profunda relación con la poesía por las imágenes poéticas que devela. Su arquitectura, afirma Barragán, "es (...) arquitectura emocional. Es muy importante para la humanidad que la arquitectura conmueva por su belleza. Si hay muchas soluciones técnicas igualmente válidas para un problema: la que ofrece al usuario un mensaje de belleza y emoción; esa es arquitectura". Barragán emplea, al referirse a sus obras, una serie de palabras dignas de un poeta: "Una palabra importante en la vida humana es magia y otra más aún: sorpresa (...) serenidad. Toda arquitectura que no la exprese, no cumple con su misión espiritual (...) los arquitectos tenemos la necesidad y la obligación de crear ambientes serenos. Pareciera que la serenidad, la soledad y el silencio fueran palabras hermanadas (...) La gran arquitectura expresa alegría silenciosa y serena"[8]. Todos estos atributos marcan los "estados del alma", de los cuales habla Bachelard, y que se deben producir al habitar o al "vivir" una casa.

La casa no puede ser considerada simplemente como un objeto o un bien de consumo; desde siempre, la casa reviste al hombre y le da un significado que va más allá del cumplimiento esquemático de sus funciones. El espacio que genera tiene vida y forma parte de nosotros, es mucho más que dimensiones o materiales, encierra recuerdos buenos y malos, toda una vida de sensaciones y sentimientos. Se habla de la arquitectura como la belleza sensible que domina los sentidos, como la forma envolvente. La casa no es simplemente un objeto que se puede describir, lo más importante, su esencia es que"narra hechos o impresiones para llegar a las virtudes primeras, a aquellas donde se revela una adhesión, en cierto modo innata a la función primera de habitar"[9].

La importancia que llega a adquirir una casa para sus habitantes marca el compromiso de nuestra profesión en la producción de formas basadas en las exigencias del habitador o en las exigencias de la cultura. Se pretende que toda obra arquitectónica ocasione un impacto sobre la persona en el instante mismo que se realiza el contacto, se dirija directamente al corazón, al alma, a la profundidad del ser, "... el alma viene a inaugurar la forma, a habitarla, a complacerse en ella"[10]. La obra debe comprenderse y revivirse cada vez que penetramos en ella. Entonces, el habitante siente que este espacio le concierne. "Todo lector que relee una obra que ama, sabe que las páginas amadas le conciernen"[11]. El lector, o habitante, siente que participó en la creación de esta obra y, por lo tanto, se siente parte de ella y se deja envolver por ella. Al hacer suya a la casa, el habitante siente esa paz que le permite soñar, ese calor maternal, esa protección que le ayuda a encontrarse y conocerse, la casa compromete la totalidad del ser. Por lo tanto, la arquitectura es inconcebible sin el ser humano que la vive, la percibe, la recorre, la usa, le da vida.

Es así que la labor del arquitecto es, ante todo, de intérprete, de hilo conductor permitiendo que los significados se expresen. Entonces, el arquitecto debe tener la capacidad de "oir" al habitador, respetar su voluntad de ser y, a su vez, debe comprender los problemas a resolver, y conocer de esos significados para poder interpretarlos. Quedan plasmadas ideas y pautas para comprender, analizar y responder en el diseño del objeto arquitectónico más importante para el ser humano, la casa. De esta manera, se promueve una visión más humana de este objeto con la finalidad de lograr diseños más acordes a la cultura, a los valores y al ser humano que la habita. La arquitectura debe superar la simple utilidad y más bien despertar la emoción del alma que la habita.

Notas

1. Según el diccionario, el término "casa" significa "una construcción que sirve para la habitación humana", "un edificio para habitar". Por otro lado, etimológicamente, el término "casa" proviene del latín choza y del árabe sjuzza que significa "habitación primaria"; se entiende por primaria a "la principal" o "primera en orden de grado", por lo cual, la casa representa el objeto primario, en sí, para habitar. El término choza es la original expresión del hogar, como hoguera o lar, como el lugar donde se conserva el fuego. Ahí se aloja, se conserva la especie humana de manera segura.

2. En el campo de la arquitectura, resulta frecuente hacer referencia a la casa por sus características constructivas, volumétricas y funcionales, existe una marcada preocupación por el espacio, el orden, la estructura, el color, la luz y otros; se hace referencia a un objeto, aislado, separado del ser humano, habitador de este espacio.

3. Heidegger afirma que el término "habitar" viene del antiguo sajón wuon y del gótico wunian y significa permanecer, residir. Wunian, se refiere a "estar satisfecho" (en paz), "llevado a la paz y permanecer en ella". Paz (friede) es la libertad preservada de daño y amenaza, es una paz que incluye el cuidado.

4. En muchos casos el objeto arquitectónico no coadyuva con esa identificación lo que provoca una falta de pertenencia que conduce a la transformación del objeto.

5. Noël Arnaud. L'état d'ebauche. Citado por Gastón Bachelard en La poética del espacio. Pág. 172.

6. Citado por Alfonso Ramírez Ponce en Habitar, una quimera, pág. 22.

7. A partir de un análisis conceptual de algunos términos como ser: la persona, el individuo, el usuario, el hombre, el ser humano y el habitador; se determina que el "ser" que habita la casa es el "ser humano" debido a que se refiere a la esencia o naturaleza (ser) de la especie humana en su totalidad, integra a todos los seres sin hacer ninguna distinción y sin imponerle características específicas. Se centra en una generalidad, en un "ser" no específico pero, a la vez fácil de identificar con un sin fin de sentimientos, valores y significados.

8. Citado por Alfonso Ramírez Ponce en el guión para el video sobre Luis Barragán: "El murmullo del silencio", pág. 4-5.

9. Bachelard, Gastón. La poética del espacio, pág. 34.

10. Ibid., pág. 13.

11. Ibid., pág. 18.

Bibliografía

Bachelard, Gastón. La poética del espacio / La poétique de l'espace, tr. Ernestina de Champourcin. México D.F.: Fondo de Cultura Económica, 1ª. edición en francés 1957, 2da. Edición 1975. 281pp.

Chevalier, Jean y Gheerbrant, Alain. Diccionario de los símbolos, primera edición 1969. Barcelona: Editorial Herder, quinta edición 1995.

Gordillo, César; Betancourt, Ernesto; Bonifaz, Rosario; González, Ignacio; et. al. Arquitectura y semiótica. México D.F.: División de Estudios de Posgrado, UNAM, 1985, 71pp.

Heidegger, Martin. Arte y Poesía / Der Ursprung des Kunstwerkes 1ª. edición en alemán 1952 (tr. Samuel Ramos), 1ª. edición en español 1958. México D.F.: Fondo de Cultura Económica, 1988, 149pp

Heidegger, Martín. El ser y el tiempo. México D.F.: Editorial Fondo de Cultura Económica; 1951.

Hennings, Vania. La casa como objeto significante portador de significados. Una aproximación a los significados expresados en la casa del ser humano. Tesis de Maestría en Arquitectura opción Diseño Arquitectónico. Universidad Nacional Autónoma de México. 2001.

Maritain, Jacques. La poesía y el arte. Buenos Aires: Emecé Editores, s.a., 1955, 474 pp.

Moliner, María. Diccionario de uso del español. Madrid: Editorial Gredos s.a., c1966.

Norberg - Schulz, Christian. Nuevos caminos de la arquitectura. Existencia, Espacio y Arquitectura / Existence, Space and Architecture, versión catellana de Adrian Margarit. Barcelona: Blume, 1ª edición 1975, 145 pp.

Ortiz, Víctor Manuel. La casa, una aproximación. México D.F.: Universidad Autónoma Metropolitana, 1984, 179pp.

Pratt Fairchild, Henry. Diccionario de Sociología, traducción de T. Muñoz, J. Medina y J. Calvo. México D.F.: Fondo de Cultura Económica, 1949.

Puppo, Ernesto. Un espacio para vivir. Barcelona: Marcombo Boixareu editores, 1980.

Ramírez, Ponce Alfonso. El murmullo del silencio. México D.F.: Guión para el video de Luis Barragán; 1996.

79

_____ Pensar y Habitar. México D.F: II Seminario Nacional de Teoría de la Arquitectura; 1997.

_____ Habitar, una quimera. México D.F.: Colección Pre-textos; 2001, 58 pp.

Rapoport, Amos. Vivienda y cultura / House form and culture (1969). Editorial Gustavo Gili: Barcelona; 1972, 217 pp.

Rykwert, Joseph. La casa de Adán en el paraíso / On Adam's House in Paradise. Barcelona: Editorial Gustavo Gili, s.a., 1974.

Valéry, Paul. Eupalinos o el Arquitecto. Editorial Losada s.a, 1958.

LA ASIGNATURA "ARQUITECTURA DOMÉSTICA" EN LA ESCUELA DE ARQUITECTURA DE LAS PALMAS

MANUEL MARTÍN HERNÁNDEZ
EUGENIO RODRÍGUEZ CABRERA

El presente texto pretende cumplir con un doble objetivo. Por un lado justificar la necesidad de incorporar en la enseñanza de la arquitectura una materia que se dedique a profundizar en las cuestiones del habitar y la arquitectura doméstica, en el bien entendido que ésta constituye la inmensa mayoría del futuro trabajo del profesional formado en las escuelas. Por otro, y no es independiente del anterior, abogar por la introducción de las ciencias sociales en todo el discurso sobre la arquitectura, para lo que la casa es un buen lugar de reflexión. (1)

1. SOBRE EL HABITAR
1.1. Sobre la arquitectura
La caracterización disciplinar de la arquitectura es muy compleja. A medio camino entre lo social, la técnica y la estética, es –o puede ser– ciencia social, ciencia básica o ingeniería, y ciencia humanística. Entre el territorio más o menos urbanizado y el pequeño detalle constructivo, la arquitectura recorre una gran cantidad de conocimientos de los que se alimenta y a los que sirve. La antropología, los estudios culturales, la sociología, la geografía humana, el derecho, la física de los materiales, la tecnología, la informática, la ergonomía, la estética, la filosofía, la historia del arte, entre otras muchas disciplinas, se dedican en algún momento a la arquitectura, y ésta se fundamenta en aquellas para desarrollar alguno de sus campos de interés.

Si atendemos a la palabra "arquitectura," (2) el prefijo "arqui", del griego arjé, tiene que ver con las causas, el origen, el punto de partida. Vayamos pues al origen de la arquitectura misma a partir del texto fundacional de Vitruvio sobre ese origen; lo leemos en el capítulo primero del segundo libro de su De Architectura (siglo I a.n.e.). Después de descubrir el fuego, los hombres se empezaron a reunir en torno a él y a emitir sonidos: "con ocasión del fuego -dice- surgió entre los hombres (…) la vida en común." (3) Preguntando por el origen de la arquitectura estamos, sin duda, hablando del habitar, que es lo que en esencia justifica, permite y persigue la arquitectura. Así aparece en muchas de sus definiciones, y sirva, como una buena síntesis de aquellas, ésta del arquitecto y urbanista danés Steen Eiler Rasmussen: la arquitectura "delimita el espacio para que podamos habitar en él." (4)

1.2. El sentido del habitar

Hace algunos años, en la introducción a un trabajo sobre el habitat pavillonaire, Henri Lefebvre buscaba las diferencias entre una política y unas técnicas del hábitat y el sentido verdadero del habitar: "un alojamiento construido según prescripciones económicas o tecnológicas (el hábitat) se aleja del habitar tanto como el lenguaje de las máquinas, de la poesía." (5) El resultado de la puesta en obra de una serie de operadores es el hábitat; pero habitar es otra cosa: "es apropiarse de algo", es decir, "hacer su obra, modelarla, formarla, poner el sello propio." (6) Así, los habitantes se integran en el proceso como detentadores de su propio derecho a proyectar. Esto es lo que está en uno de los "poemas en prosa" del poeta Cé¬sar Vallejo: "Las casas nuevas están más muertas que las viejas, porque sus muros son de piedra o de acero, pero no de hombres. Una casa viene al mundo, no cuando la acaban de edificar, sino cuando empiezan a habitarla." (7)

En sus artículos, Lefebvre citaba aquel sentido del habitar re¬cuperado por Martin Heidegger en un momento en que se es¬taba reconstruyendo la Alemania de la segunda posguerra según la ideología del "hábitat." En la conferencia dictada en el segundo Darmstädter Gespräch, dedicado al habitar ("Bauen, Denken, Wohnen," 1951) dice: "Se habla por todas partes, y con razón, de la penuria de viviendas", pero lo cierto es que "la auténtica penuria del habitar no consiste en primer lugar en la falta de viviendas. La auténtica penuria del habitar descansa en el hecho de que los mortales primero tienen que volver a buscar la esencia del habitar, de que tienen que aprender primero a habitar." En efecto, porque somos en cuanto habitamos: "ser hombre significa: estar en la tierra como mortal, significa: habitar" y única¬mente cuando habitemos podremos "construir desde el habitar y pen¬sar para el habitar." (8)

La crítica a la tesis de Heidegger por parte de Ortega y Gasset, asistente también al Coloquio de Darmstadt, no se enuncia tan claramente durante su improvisada ponencia sino algo más tarde, y se alimenta sobre todo de lo ya dicho casi veinte años antes en su Meditación de la técnica (1933). Así, para Ortega no es posible empezar habitando la Tierra porque "la Tierra es para el hombre originariamente inhabitable;" es necesario empezar transformando la Tierra por medio de la técnica para que aquella pueda ser habitable.

> "El habitar, el wohnen, pues, no precede en el hombre al construir, el bauen. El habitar no le es dado, desde luego, sino que se lo fabrica él, porque en el mundo, en la Tierra, no está previsto el hombre (…). El hombre es un intruso en la llamada naturaleza (…) a mi juicio, ni el hombre construye porque ya habita, ni el modo de estar y ser el hombre en la tierra es un habitar. Me parece más bien que es todo lo contrario -su estar en la tierra es malestar, y por lo mismo un radical deseo de bienestar." (9)

No se trata ahora de optar por una u otra versión; todo es mucho más complejo y ambos podrían tener razón: "somos" porque habitamos, pero para conseguirlo debemos antes transformar la inhabitable realidad natural. Todo es más complejo y quizá más simple a la vez, pues al hablar del "habitar" me refiero, sobre todo, a esa casa donde, según el gran arquitecto portugués Ál¬varo Siza, "nos sentimos felices, olvidando nuestras angustias de bár¬baros nómadas," donde, llenos de gratitud, disfrutamos de "un mo¬mento de quietud, mirando en torno nuestro, sumergiéndonos en la atmósfera dorada de un interior de otoño, al final del día." (10)

2. LA ASIGNATURA "ARQUITECTURA DOMÉSTICA"
2.1. Por qué es necesaria una asignatura como "Arquitectura doméstica" en las escuelas de arquitectura

"...un lugar es espacio relleno de gente, prácticas,
objetos y representaciones." (11)

Uno tiene la impresión de que mu¬cho de lo que hoy se nos muestra como grandes hallazgos en materia de arquitectura doméstica no son más que copias -muchas veces infelices- de lo que ya se había dicho y hecho an¬tes por buena parte de los mejores arquitectos del siglo pasado. En realidad, sucede lo que decía Adolf Loos en homenaje a su carpintero Josef Vei¬llich: "no existe la evolución en las cosas ya resueltas." (12) También Kenneth Frampton en sus análisis sobre la vivienda contemporánea, hace el mismo diagnóstico, utilizando para ello un trozo de un poema de T. S. Elliot: "y lo que hay que conseguir ya se ha conseguido una, dos o varias veces por hombres a quienes no se puede tener la esperanza de emu¬lar." (13)

En efecto, los debates entre los arquitectos de las vanguardias sobre el modelo de ciudad moderna (casa unifamiliar vs. casa colectiva; bloque vs. torre; sied¬lung vs. höfe; ciudad abstracta vs. ciudad tradicional) y sobre los tipos arqui¬tectónicos que albergarían el cuerpo moderno (los discursos sobre la casa mí¬nima o la planta libre, pasando por la compleja organización del raumplan o la renova¬ción de la tradicional casa-patio) o, después, la discusión sobre algunos temas de la arquitectura de la casa durante los años sesenta y setenta (sistemas abiertos vs. sistemas cerrados, la oferta múltiple, la teoría de soportes, la estética del vacío...) son los que, con gran aparato de propaganda, se anuncian hoy como inven-ciones contemporáneas cuando, en todo caso, no son más que la continuación de aquellos debates que siguen afortunadamente abiertos desde las primeras décadas del siglo XX. (14)

Lo que sí es cierto es que aquellos debates tienden a vincularse más con la forma del hábitat que con el sentido mismo del habitar. En todos aquellos ca¬sos, es la relación entre el hábitat y la acción de habitar lo que se está diluci¬dando, pero creo que, por encima de todo, sigue habiendo una discusión pen¬diente que nos aproxime al habitar contemporáneo.

2.2. Defensa de la contribución de las ciencias sociales a la arquitectura

Amos Rapoport es arquitecto y defensor de la integración de la arquitectura en el ámbito de las ciencias humanas y sociales. En su ya clásico House, Form & Culture (1969), y frente a las tesis que plantean el clima, la disponibilidad de determinados materiales, el avance de la tecnología o la situación económica como origen primero de la forma arquitectónica, establece la hipótesis de que "la forma de la casa no es únicamente el resultado de unas fuerzas físicas o de un solo factor causal, sino la consecuencia de una serie de factores socioculturales considerados en los términos más amplios," de tal modo que "dados un cierto clima, la disponibilidad de ciertos materiales y las coacciones y capacidades de un nivel de tecnología dado, lo que finalmente decide la forma de una vivienda y moldea sus espacios y sus relaciones es la visión que tienen las personas de la vida ideal." (15)

Hay, por lo tanto, temas importantes que vienen de fuera de la disciplina arquitectónica; convendría conocer lo que las ciencias sociales aportan –algo o mucho– a la reflexión sobre la casa y los procesos del habitar… Hay muchísima documentación e investigación sobre la arquitectura doméstica que queda al margen de los currículos docentes de las escuelas de arquitectura: la que aporta la antropología (de anthropos-logos, ciencia del hombre); la sociología o la psicología, que quieren entender las conductas humanas; la historia, que busca también la diversidad diacrónica; la geografía que, por su carácter propositivo, tiene además una relación muy directa con el urbanismo; la arqueología, que hace preguntas a la cultura material y, por lo tanto, a los antecedentes de nuestros modos de habitar.

La antropología merece una atención especial, pero además porque es "la" disciplina que defiende lo multicultural, lo "otro", contra la intolerancia y el etnocentrismo, en plena época de homogeneización y globalización. Desde el principio de la disciplina se hace presente la casa, comoes el caso de Lewis H.

Morgan (Houses and House-life of the American Aborigines, 1881) quien interpretó la arquitectura doméstica desde la sociedad; luego están, entre otros muchos, Friedrich Ratzel (Anthropogeographie, 1882-1891), para quién las condiciones del lugar o el clima influyeron en los modos de vida de las sociedades; Edward T. Hall (The Hidden Dimension, 1966), quién a través de la proxémica sustenta una elaborada teoría de los usos sociales y no verbales del espacio; el ya citado Rapoport (House, Form & Culture, 1969), que da importancia a la cultura en la definición de la forma; Pierre Bourdieu, quién analiza la relación arquitectura-sociedad; el método de análisis de la llamada por Bill Hillier y Julienne Hanson "sintaxis espacial" (The Social Logic of Space, 1984); Susan Kent que en su "A cross-cultural study of segmentation, architecture, and the use of space" (Domestic Architecture and the Use of Space, 1990) afirma que "la cultura, las conductas y la cultura material están íntimamente relacionadas; y el modo cómo la gente compartimenta su cultura influirá en cómo segmentan el uso de su espacio y cómo compartimentan su ambiente construido;" Clare Cooper Marcus (House As a Mirror of Self, 1995), quién analiza al individuo y su relación especular con el espacio doméstico... (16)

Qué mejor lugar que la antropología, pues, para precisar el concepto de habitar. Así lo define Ángela Giglia:

> "El habitar es un conjunto de prácticas y representaciones que permiten al sujeto colocarse dentro de un orden espacio-temporal, al mismo tiempo reconociéndolo y estableciéndolo. Se trata de reconocer un orden espacio-temporal, situarse adentro de él, y establecer un orden propio. Es el proceso mediante el cual el sujeto se sitúa en el centro de unas coordenadas espacio-temporales, mediante su percepción y su relación con el espacio que le rodea." (17)

2.3. Programa de "Arquitectura doméstica" desarrollado en la Escuela de Arquitectura de Las Palmas desde 2013

1. *Conceptos en torno a la arquitectura doméstica*
- *Sobre el habitar. Íntimo y privado. Lo doméstico. El cuerpo como arquitecto de la casa.*
- *Las ciencias sociales en la arquitectura. Antropología de la casa.*

- *Casa y cultura. Casa y género. Casa y escenario doméstico. La poética del habitar.*
2. *Hacia una historia de la casa moderna occidental*
- *De la casa clásica a la domesticidad en el siglo XVIII. Mecanismos de la clasicidad doméstica. La casa burguesa. La invención del interior.*
- *Temas domésticos en el siglo XIX. Habitar la ciudad burguesa. Habitar el suburbio. La casa de la mujer. La casa obrera.*
- *La cuestión de la casa moderna. Tipologías domésticas en la modernidad. Equipamientos e interiores. Mecanismos para el espacio y el tiempo modernos.*
- *Modelos de agregación. Colonias experimentales. Exposiciones de la Werkbund. Políticas residenciales de entreguerras.*
- *Popularización de la casa moderna. Respuestas a la pregunta por la casa moderna. Las revoluciones domésticas de los años 60 a 80 del siglo XX.*
3. *Problemas y soluciones para la casa contemporánea*
- *Habitar en la contemporaneidad. Las transformaciones de la casa. Estrategias y tácticas para el proyecto doméstico.*
- *Otras domesticidades. Alternativas a los modelos occidentales hegemónicos. (18)*

El ya citado Rapoport afirma al inicio de su Cultura, arquitectura y diseño que "(l)a premisa en la que se basa este libro es que la arquitectura no es una libre actividad artística." (19) Al menos nunca desde el principio ni como objetivo fundamental, y ésto también lo hemos defendido durante el desarrollo de esta materia. Y si todavía hubiera alguna duda acerca de la necesidad de integrar un programa de cierta extensión sobre la arquitectura doméstica en la formación del arquitecto, leamos esta cita del economista y ambientalista mexicano Enrique Leff, para quién el hábitat es:

"el espacio donde se desarrollan las actividades productivas, culturales, estéticas y afectivas del hombre. Es el medio donde los seres vivos evolucionan y complejizan su existir, donde el organismo social despliega sus potencialidades, es el espacio donde define su territorialidad. Pero el hábitat humano es más y otra cosa que el medio biológico. Es el ambiente que contornea al hombre, que se conforma a través de las prácticas transformadoras de su medio. El hábitat es soporte y condición, al tiempo que es espacio resignificado y reconstruido por la cultura. (…) el hábitat habitado es el lugar significado por experiencias subjetivas, de vivencias construidas con la materia de la vida." (20)

Notas

1 Este texto se corresponde, con ligeras modificaciones, con la ponencia presentada el pasado 27 de noviembre de 2015 en el Coloquio "Vivienda Latinoamericana. Historia, Teoría, Diseño y Significado," celebrado en la Facultad de Arquitectura de la Universidad Michoacana de San Nicolás de Hidalgo, Morelia, Michoacán. Con nuestro agradecimiento a los organizadores de dicho evento.

2 Ver Morales, José Ricardo, Arquitectónica. Sobre la idea y el sentido de la arquitectura, Madrid: Biblioteca Nueva, 1999, pp. 141 y siguientes.

3 Vitruvio, Los diez libros de arquitectura (edición de Agustín Blánquez), Barcelona: Iberia, 1980, pp. 35-36.

4 Rasmussen, Steen Eiler, La experiencia de la arquitectura, Madrid: Mairea y Celeste, 2000, p. 15.

5 Lefebvre, Henri, "Introducción al estudio del hábitat de pabellón" (1967) en De lo rural a lo urbano, Barcelona: Península, 1971, p. 153.

6 Idem, p. 210.

7 Vallejo, César, "No vive ya nadie…," de Poemas en prosa, (1923-1929).

8 "Construir Habitar Pensar," capítulo sexto de Heidegger, Martin, Conferencias y artículos, Barcelona: Ediciones del Serbal, 1994, pp. 127-142. Cursivas del autor.

9 Ortega y Gasset, José, "Anejo: en torno al Coloquio de Darmstadt" (1951), en Obras Completas vol. IX, Madrid: Alianza, 1983, pp. 640-641.

10 Siza, Álvaro, "Vivir en una casa" (1994) en Pedro de Llano y Carlos Castanheira (eds.), Alvaro Siza, Santiago de Compostela: Electa/CGAC, 1995, p. 80.

11 Gieryn, Thomas F., "A Space for Place in Sociology," en Annual Review of Sociology 26, 2000, p. 465.

12 Loos, Adolf, "Josef Veillich" (1929), en Escritos II: 1910-1932, Madrid: El Croquis Editorial, 1993.

13 Frampton, Kenneth, "Seis puntos sobre los dilemas de la vivienda" en A&V 56, 1995, p. 7. El poema de Elliot es "East Coker," 1940 (Four Quartets, 1945), traducido por José Emilio Pacheco en Cuatro cuartetos, México D. F.: El Colegio de México, 1989, como "Y lo que debe ser conquistado / Mediante fuerza y sumisión, ya ha sido descubierto / Una, dos, varias veces por hombres que uno no tiene / esperanza de emular," V, p. 25.

14 Ver Martín Hernández, Manuel, La casa en la arquitectura moderna, Barcelona: Reverté, 2014.

15 Rapoport, Amos, Vivienda y cultura, Barcelona: Gustavo Gili, 1972, p. 66.

16 Morgan, Lewis H., Houses and House-life of the American Aborigines, Washington, 1881; Ratzel, Friedrich, Anthropogeographie (2 volúmenes), Stuttgart, 1882 y 1891; Hall, Edward T., The Hidden Dimension, Garden City, N.Y.: Doubleday, 1966; Bourdieu, Pierre, Esquisse d'une théorie de la pratique, Ginebra: Librairie Droz, 1972; Hillier, Bill y Hanson, Julienne, The Social Logic of Space, Cambridge: Cambridge University Press, 1984; Kent, Susan, "A cross-cultural study of segmentation, architecture, and the use of space" en Kent, Susan (ed.), Domestic Architecture and the Use of Space, Cambridge: Cambridge University Press, 1990; Marcus, Clare Cooper, House As a Mirror of Self, Berkeley, CA.: Conari Press, 1995.

17 Giglia, Angela, El habitar y la cultura, Barcelona: Anthropos; UAM, 2012, p. 13.

18 La bibliografía básica que proponemos (2015) es: Bachelard, Gaston, La poética del espacio, México: Fondo de Cultura Económica, 1974; Jones, Peter Blundell, Doina Petrescu y Jeremy Till, Architecture and participation, Londres y Nueva York: Spon Press, 2005; Bollnow, Friedrich, Hombre y espacio, Barcelona: Labor, 1969; Eleb-Vidal, Monique, Anne-Marie Châtelet y Thierry Mandoul, Penser l'habité: le logement en questions, Sprimont: Pierre Mardaga, 1990; Gausa, Manuel, Housing: nuevas alternativas, nuevos sistemas, Barcelona: Actar, 1998; González Lobo, Carlos, Vivienda y ciudad posibles, Bogotá: Escala, 1998; Lleó, Blanca, Sueño de habitar, Barcelona: Gustavo Gili, 2005; Llobera, José R., La identidad de la antropología, Barcelona: Anagrama, 1990; Martín Hernández, Manuel, La casa en la arquitectura moderna, Barcelona: Reverté, 2014; Lane, Barbara Miller (ed.), Housing and dwelling: perspectives on modern domestic architecture, Londres y Nueva York: Routledge, 2007; Monestiroli, Antonio, La arquitectura de la realidad, Barcelona: Ediciones del Serbal, 1993; Oliver, Paul, Dwellings: the house across the world, Austin: University of Texas Press, 1987; Rybczynski, Witold, La casa: historia de una idea, Madrid: Nerea, 1989.

19 Rapoport, Amos, Cultura, arquitectura y diseño, Barcelona: UPC, 2003, p. 7. Subrayado del autor. Al fin y al cabo, como hemos visto, la casa ocupa un lugar peculiar en la arquitectura, porque, como ya decía el filósofo Francis Bacon a principios del siglo XVII, "Houses are built to live in, and not to look on" ("Of Building," en The Essayes, XLV, Londres, 1625, p. 257, accesible en http://archiv.ub.uni-heidelberg. de/artdok/609/1/Davis_Fontes16.pdf).

20 Leff, Enrique, Saber ambiental: sustentabilidad, racionalidad, complejidad, poder, México D. F.: Siglo XXI, UNAM, PNUMA, 1998, p. 243.

La casa:
piel y huella

FEDERICO MARTÍNEZ REYES

I. A manera de introducción

He visto casas deshabitadas, sucias, casi derrumbadas por el tiempo. La sensación de abandono es casi triste. Sus muros, vueltos grietas, muestran su pintura pelada y sus fachadas exhiben los vidrios rotos. Nadie las habita. Y, sin embargo, ¡qué fascinación de historias acalladas!

De la desolación surgen las especulaciones sobre aquellos que alguna vez habitaron allí. El habitante imaginario surge también como fantasma de entre sus propias ruinas. Las historias jamás contadas se entretejen en la pantalla de los muros derruidos. Hay, en ellos, en las cortinas sucias, en los bustos de Palas inertes sobre algunos dinteles de las puertas, en los arcos de piedra enmohecidos, en las recámaras llenas de sol y nada más, reminiscencias de aquellos que habitaron y construyeron (reflejo de lo que seremos algún día). Las huellas de las casas son las huellas de sus habitantes.

II

La casa es uno de los objetos arquitectónicos más simbólicos que habitamos, es el objeto que nos diferencia de los otros, de las otras familias, y que nos guarda -es guarida-, y nos protege, -es refugio. En torno del hogar, del fuego que reunía, la familia tomaba conciencia de su paso en este mundo, de sus antepasados y de su legado. Por tal razón, la relación casa-familia es estrecha, tanto, que tales conceptos quedan encadenados entre sí, disolviéndose la casa en los individuos que la habitan y viceversa. En la Nueva España los escudos de las familias se colocaban en los dinteles de los portones de acceso y quienes pasaban por enfrente de ellos sabían que la casa pertenecía a la Familia X. Que la casa es un reflejo de sus habitantes y de sus hábitos puede entenderse en frases que trasladan los comportamientos de los habitantes a la casa, de tal manera que es común escuchar que tal o cual cosa no se permite en esa casa. Incluso, tales aseveraciones se conservan en algunas casas, aunque sus antiguos habitantes ya no moren más allí.

Lo curioso de lo anterior es, precisamente, que se diga: en tal casa no se permite tal cosa; en vez de: tal familia no permite tal cosa. Así de interrelacionados nos encontramos con los recintos que nos albergan. Y, en esta manera de manifestarnos ampliamos nuestro territorio, nuestro poder. Cuando jóvenes, nuestra recámara, (esa doble cámara, a la manera en que Baudelaire no lo narra en su bello cuento *La chambre double*, que reafirma la condición de lo que queda sellado y separado del exterior), era nuestro pequeño feudo, en donde nadie tenía derecho a decirnos qué hacer o cómo comportarnos. Pero ese reinado sobre una porción de la casa se amplifica cuando la casa es nuestra, cuando todo eso que ya está construido *es de mi propiedad* y, por ende, se hace en ella lo que yo digo. En la obra de teatro *La casa de Bernarda de Alba* de Federico García Lorca, Bernarda, la dueña de la casa, da órdenes a sus hijas y criadas de cómo se deben comportar mientras vivan allí y cuando una de sus hijas le entrega un abanico colorido en tiempo de luto, la reprime diciendo: *En ocho años que dure el luto no ha de entrar en esta casa el viento de la calle. Haceros cuenta que hemos tapiado con ladrillos puertas y ventanas. Así pasó en casa de mi padre y en casa de mi abuelo.* Bernarda dicta la manera en que deberán ser las cosas en su casa. Pero no todas las hijas están de acuerdo y, por no poder amar al que ama pues su madre lo prohíbe, Adela, su hija, se quita la vida en su cuarto, en su refugio dentro de la casa que, vaya contradicción, es un gran refugio que le niega ser.

En esto podemos entender que las casas son refugio de la familia, pero, en ocasiones, no refugio del individuo. Sin embargo, dentro de esa esfera oscura resplandece un hilo de luz, un rincón -la recámara- que se vuelve nuestro refugio y, aunque muy pequeña, nuestra casa. Lo vemos en las *casas* donde la gente tiene que vivir hacinada, en celdas donde los reos purgan sus condenas, en lúgubres cloacas donde indigentes evitan las inclemencias del tiempo: allí -donde parece no haber refugio-, una cama, una litera, un pedazo de tierra donde acurrucarse para dormir y soñar, se magnifican y se vuelven el paréntesis [()] en donde habitar es posible, que nos permite ser en nosotros para después ser en el mundo. La casa, pues, no es siempre signo de alcurnia, pero en ella encontramos un remanso que nos permite habitar. La experiencia del cómo habitamos nuestras casas en nuestra infancia, nuestra adolescencia y nuestra vida de adultos marca indeleblemente nuestro habitar en el mundo.

Ahora bien, apelando a esa experiencia, piense el lector en las casas que habitó, ¿todas se habitaron iguales? ¿cada una se habita de manera distinta? ¿adaptamos nuestras habitabilidades a las formas de las casas, a sus habitaciones, a sus colores? ¿o esos colores y acabados y distribución de mobiliario son acomodados en la casa dependiendo de nuestra habitabilidad? Me imagino múltiples respuestas y me es difícil suponer que haya dos personas con idéntica habitabilidad. ¡En cada casa nos acomodamos de maneras tan diferentes!

Teniendo en cuenta lo anterior, donde las casas son tan significativas al individuo y donde cada quién establece su propia manera de habitar, me permito cuestionar la postura que muchas veces tomamos como arquitectos a la hora de diseñar una casa. Hace poco, platicando sobre un ejercicio de diseño planteado a alumnos de la carrera de arquitectura, el cual trataba precisamente del diseño de una casa, una compañera arquitecta establecía, con mucha autoridad, que la casa de ahora (2016) no *debería* tener un local llamado comedor, que el comedor, como espacialidad, era caduco, que nadie lo utilizaba y que era necesario erradicarlo de aquello que llamamos programa arquitectónico (2). Elimina el comedor porque en su manera de habitar el comedor no es nada importante, pero su habitar no es el de los demás. Esta postura, que se extiende a los diseños de otros objetos, muchas veces sirve de pauta para evaluar muy acomodaticiamente, desde nuestro particular entendimiento de habitabilidad, proyectos y objetos construidos. Hasta donde comprendo, la carrera de arquitectura nos da, entre otras cosas, habilidades para diseñar cierto habitar, pero no potestad sobre cómo deben habitar los otros. Cuando procedemos privilegiando nuestra manera de habitar sobre la de los demás o cuando generalizamos un habitar para todos solamente porque somos arquitectos, minimizamos y descartamos las otras visiones que, a mi parecer, son las más importantes: la de los individuos-clientes-habitadores que solicitan el objeto para ser habitado por ellos y no por los arquitectos que los diseñen.

El cliente-habitante solicita características particulares de los objetos, lo que hace del diseño algo único. Si cada ejercicio es algo único, entonces habría que cuestionar muchas de las prácticas que se realizan en la carrera de arquitectura, donde los diseños de casas parten de relaciones de locales genéricos que se entienden como reglas de diseño y no como lo que son: una herramienta inventada para sustituir, en la academia, a un cliente que no existe y que, por lo tanto, no hay en ese diseño solicitudes de particularidades ni de deseos de formas ni de sucesos específicos y, de haberlos, son los del profesor o del alumno. Esta herramienta pertenece exclusivamente a la academia, no al campo laboral. Desde aquí, en la academia, los que nos formamos como arquitectos creemos que la regla impuesta en el diseño es la regla impuesta de habitabilidad en el otro, razón por la cual nos otorgamos el derecho de establecer qué y cómo debe ser lo diseñado en las casas que no son para nosotros.

Por último, la posibilidad de que cada individuo tenga una casa que cubra sus deseos de habitabilidad depende de sus posibilidades monetarias de materializarla, lo que implica la adquisición de un terreno, el diseño de la misma y su construcción. En una ciudad tan hacinada y cara en lo que concierne a lo inmobiliario, como lo es la Ciudad de México, adquirir una casa se traduce muchas veces en obtener un departamento tipo, que no fue hecho siguiendo las aspiraciones de habitabilidad deseables para un individuo. Sin embargo, la habitabilidad del hombre es tan adaptable, que hará todo lo posible para que ese departamento tipo sea tan distinto al de su vecino, tendrá aquello que llamamos "estilo propio" y el habitante sabrá que su casa es tan única por el hecho de ser su casa: su protección del afuera, su piel y su huella.

Notas

1. Entiéndase por programa arquitectónico el listado de locales solicitados para trabajar en un diseño arquitectónico.

Bibliografía

García L., Federico, "La casa de Bernarda Alba", Madrid: CEAC, 1989

El mito del funcionalismo en la arquitectura doméstica mexicana

LUCÍA SANTA ANA LOZADA

Hablar del término casa, parece de lo más trivial debido a la familiaridad que tenemos con ella, al desarrollar la mayor parte de nuestra vida en la misma; pero como menciona Paul Goldberger [1] es en ella en donde se forma la conciencia de nosotros mismos, nuestra esencia y es a través de ésta que establecemos la relación con lo que nos rodea. Es en ella en donde se habita como menciona Heidegger, y es en la creación de la misma donde el arquitecto busca que tenga un significado para el usuario que habrá de habitarla, no siendo tan sólo la máquina para habitar que planteaba Le Corbusier.

Resultado de esta frase, en la que el significado de la maquinización tenía una connotación positiva y se buscaba con ello mejorar la vida para el hombre, es que se ha desvirtuado en un contexto contemporáneo las ideas de arquitectos como Walter Gropius, al considerar que para estos pioneros heroicos de la arquitectura, ésta debía tan sólo responder a la función, aseveración que está muy alejada de la realidad.

En un texto de 1930 escrito por Gropius en Dessau, el arquitecto manifiesta que la arquitectura no ha cumplido con su razón de ser a menos que considere nuestras necesidades emocionales al crear espacios armoniosos, que permitan la creación de sonidos melodiosos y espacios para moverse que le permitan alcanzar un orden superior, ideas que exponía con anterioridad en el texto de 1925 La Nueva Arquitectura y la Bauhaus [2].

Estas ideas de un espacio armónico, el cual cause sensaciones al usuario, al mismo tiempo que retoma las costumbres locales, puede observarse en la casa del arquitecto que construye Gropius en Lincoln Massachusetts [3]. A pesar de ser una casa pequeña, la calidad del diseño en donde probando sus teorías de diseño,

Gropius utiliza materiales prefabricados, pero al mismo tiempo, da una enorme importancia a la luz natural y el uso del porche, otorgándole, como menciona Christopher Alexander, una "cualidad sin nombre" que lleva a la casa más allá del mero uso utilitario de la misma. En esta pequeña obra, Gropius incorpora su filosofía de vivir en armonía con la naturaleza.

La Casa del Arquitecto Mexicano en los años 50's

Así como Gropius, busca llevar a su creación más allá de la funcionalidad, los arquitectos funcionalistas mexicanos, buscan al crear sus propias casas el llenarlas de la "cualidad sin nombre" en donde además de adoptar los principios de la arquitectura funcionalista, construyen buscando que las casas creen sensaciones dentro del usuario. Y esto lo logran al utilizar las posibilidades que permiten los nuevos materiales, así como el utilizar grandes claros y superficies acristaladas que permiten la integración del espacio exterior con el espacio interior de la casa, dotando así a la casa de una iluminación natural y una calidez que se logra también con el uso de materiales como la madera o un mobiliario inspirado en la tradición vernácula.

Un excelente ejemplo de ello es la casa que diseña Luis Barragán para sí mismo en Tacubaya en donde, a lo largo de los años, la transforma poco a poco creando espacios de intimidad en los que el arquitecto busca recogerse, al mismo tiempo que lograr obtener diversos ambientes dentro de un mismo espacio utilizando elementos sencillos como la utilización de un biombo. Haciendo uso de la luz natural, el color y los materiales, Barragán crea elaboradas secuencias espaciales que se recorren a lo largo de la casa, así como juegos de percepción a través de la utilización maestra de estos elementos, creando sensaciones que parecen iluminar con luz divina una escultura o percibir la salida del sol por la mañana desde la cama. Aunque esto sean tan sólo juegos con la luz y el color, también el arquitecto logra atrapar en un espacio la paz al subir a la terraza para contemplar el cielo por la cubierta virtual de esta habitación y es así que, por su arquitectura, se entra en contacto con algo que va más allá de lo terrenal.

Esta búsqueda de trascender a las necesidades del usuario, que no fueron descartadas pero tampoco fueron el único elemento regente en el diseño, se observa también en la creación de la casa que hizo Don Ignacio Díaz Morales, gran amigo de Luis Barragán, para sí mismo. En esta pequeña casa en Guadalajara, el arquitecto logra crear esta sensación de intimidad y de relación con la naturaleza. En los espacios públicos, tanto la sala como el comedor, se introduce dentro de los mismos a la naturaleza a través de grandes ventanales que permiten la integración del espacio interior con el exterior. Asimismo, crea secuencias espaciales mediante el uso de los muros, lo que da como resultado la creación del espacio dentro del espacio.

Otro elemento muy importante para el arquitecto es el uso de la luz natural, en donde mediante la utilización de la misma crea sensaciones diversas en espacios de la casa que se consideran de servicio como la escaleras. A través de esta obra el arquitecto logra plasmar en ella su definición de Arquitectura "Es la obra de arte que consiste en el espacio expresivo delimitado por elementos constructivos para compeler el acto humano perfecto" [4].

Del mismo modo la casa de Enrique del Moral, también en Tacubaya nos habla de la sensibilidad el arquitecto al crear su propia morada. En ella el arquitecto busca expresar a través de la casa su particular manera de ser y de sentir, utilizando materiales naturales [5], vegetación y luz natural, además del manejo de espacios cubiertos que en principio son abiertos pero que fácilmente pueden aislados mediante vidrieras corredizas. Con estos elementos el arquitecto obtiene nuevamente una casa en la cual deja de lado la solución de la caja de vidrio, como él mismo menciona, e integra la vegetación dentro del espacio, creando una sensación de calidez e integración con su entorno, al mismo tiempo que proporciona un lugar confortable para sus habitantes, en donde la luz natural baña espacios como la sala, la cual al estar decorada con muebles con texturas de algodón y madera; sin duda alguna, el arquitecto logró crear ese espacio confortable del cual hablaba Palladio.

Un caso similar es el del Arq. Juan Sordo Madaleno, considerado uno de los principales arquitectos funcionalistas en el país, pero quien, con sensibilidad y tomando lo mejor del funcionalismo reinante en el momento y las ideas de los arquitectos mexicanos, quienes comenzaban a cuestionarse la pertinencia de una arquitectura totalmente racional y en donde comenzaban a cuestionarse si no sería conveniente reconocer como su arquitectura, se veía influenciada por los elementos locales de materiales como la piedra volcánica o la estilización de las artesanías mexicanas para el decorado de sus espacios.

Sordo utiliza para el diseño de su casa materiales regionales, vegetación, y luz natural. Con estos elementos crea muros, y plataformas que conforman secuencias espaciales al tiempo que nos permiten acercarnos a la casa, así como con los muros crea patios que permiten una sensación de privacidad al mismo tiempo que iluminan los espacios. Nuevamente al igual que Del Moral, Sordo utiliza espacios cubiertos pero no cerrados que son utilizados como salas de estar en donde se funde el espacio interior con el espacio exterior.

Conclusiones

Los arquitectos mexicanos de los años cincuenta, eran consientes de la corriente arquitectónica en boga a nivel mundial, la cual utilizaron en el diseño de sus propias casas, aunque adaptándolas a las condiciones locales y a los gustos culturales de sus usuarios, utilizando materiales como la madera, la piedra, los textiles y el color para crear una arquitectura que, además de servir para la función que había sido diseñada, hablaba al alma de los habitadores de cada una de las casas analizadas.

Un elemento muy importante dentro de la arquitectura de los arquitectos antes analizados es el uso del muro que marca la solidez de una arquitectura arraigada en las costumbres locales de la inamovilidad, permanencia y atemporalidad de la arquitectura, herencia del pasado prehispánico. A través del uso de este elemento, que en algunos casos finge esta pesantes, se conforman espacios como patios llenos de luz que al conjuntarse con el color crean juegos perceptuales en los espacios habitables. Asimismo, estos muros delimitan terrazas los cuales permiten el solaz, y en algunos casos la meditación por parte de los usuarios.

Los arquitectos utilizaron las nuevas tecnologías y materiales para crear grandes espacios, dentro de los cuales crean secuencias espaciales mediante muros bajos o biombos creando espacios más pequeños e íntimos, que se complementan con el uso de un mobiliario realizado en madera, piedra local, textiles de algodón y una decoración con base a una estilización de la artesanía nacional, lo que ayudará a revalorar estos elementos en el diseño de la casa habitación por parte de la siguiente generación de arquitectos mexicanos como sería Antonio Attolini o Ricardo Legorreta.

En la obra de todos los arquitectos analizados anteriormente puede observarse cómo el establecer una relación entre la arquitectura y el lugar donde está emplazada, juegan un papel importante. Así, al volver a la arquitectura parte del lugar en el que se encuentra e introducirla dentro del espacio interior mediante grandes ventanales, se logra un flujo entre el espacio del jardín y las habitaciones de la casa.

Al analizar todas estas edificaciones se observa cómo a pesar de considerarse funcionalistas, los arquitectos mexicanos mezclan en su obra elementos de lo que Kenneth Frampton consideraría regionalismo, resultado de una tradición edilicia y artística del país, obteniendo así espacios ricos, de los cuales podrían obtenerse esos patrones de diseño para emplearse en el diseño contemporáneo creando obras que cuenten con espacios especiales y que hablen a los sentidos del habitante.

Como menciona Alain de Botton "la casa no sólo provee un santuario físico sino también psicológico. Es la guardiana de una identidad, permitiendo al usuario recordar quién es" [6]; esto es lo que logran los arquitectos mexicanos de los años cincuenta en el diseño de cada una de sus casas.

Lamentablemente estas ideas se han ido perdiendo con el tiempo, en parte resultado de la presión que ejerce la economía sobre la arquitectura, y también como resultado de la pérdida de sensibilidad que ha ido sufriendo la sociedad en donde todo lo que desea es un gratificación instantánea sin tomarse el tiempo para contemplar y observar la belleza de todo aquello se encuentra en su derredor.

Cabe reflexionar aquí si tal vez el aprecio por la belleza y la búsqueda de una satisfacción espiritual en la habitabilidad del espacio, obligaría a los arquitecto a buscar la "cualidad sin nombre" en el diseño, no tan sólo de la casa habitación, sino de la arquitectura en general.

Notas

1. En la introducción del libro Why Architecture Matters, Paul Goldberger nos adentra en las nociones del significado de la arquitectura y lo que implica para los usuarios el vivir dentro de la misma, sea esta un edificio icónico o un cobertizo para bicicletas. Goldberber, Paul. Why Architecture Matters. New Haven, Conn: Yale University Press, 2009, pp. X, 2-40

2. Dentro del libro The New Architecture and the Bauhaus, Walter Gropius menciona "la satisfacción estética del alma humana es tan importante como la material" Gropius, Walter. The New Achitecture and the Bauhaus. Cambridge, Mass: MIT Press, 1965, p. 24. Aunque por desgracia este texto que originalmente se publico en alemán en 1925 no se conocería hasta 1960 en América.

3. Walter Gropius emigra a Estados Unidos de América en 1937 llegando a Boston para impartir clases en el programa de posgrado de la Universidad de Harvard. Construye su casa en Lincoln Massachusetts en 1938

4. Ignacio Díaz Morales es uno de los pocos arquitectos que reflexiono sobre la teoría de la arquitectura. Fue fundador de la Escuela de Arquitectura en la Universidad de Guadalajara. Ayala, Enrique. Textos sobre Ignacio Díaz Morales: del espacio expresivo en la arquitectura. México D.F.: UAM-Xochimilco , 1994, p. 52

5. Los materiales naturales utilizados por el arquitecto fueron, tepetate, madera, barro y piedra.

6. En su libro The Architecture of Happiness, Alain de Botton permite al lectora realizar una reflexión sobre la arquitectura, los elementos de la misma y su relación con nuestra vida diaria. Botton, Alain de. The architecture of Happiness. Nueva York: Vintage Books, 2008, p. 10.

El mito del funcionalismo en la
arquitectura doméstica mexicana

Bibliografía.

Ayala, Enrique. Textos sobre Ignacio Díaz Morales: el espacio expresivo en la arquitectura. México D.F.: UAM-Xochimilco, 1994.

de Botton, Alain. The Architecture of Happiness. New York: Vintage Books, 2008.

Goldberger, Paul. Why Architecture Matters. New Haven: Yale University Press, 2009.

Gropius, Walter. The New Architecture and the Bauhaus. Cambridge: MIT Press, 1965.

LA CASA PERFECTA

JORGE TAMARGO

"Ahora nos invaden, desde América, cosas indiferentes y vacías, pseudocosas, trampas de la vida... Una casa en la mentalidad americana, una manzana o una vid americanas no tienen nada en común con la casa, la fruta, el racimo en el que habían penetrado la esperanza y los demorados pensamientos de nuestros antepasados. Las cosas animadas, vividas, las cosas que saben lo nuestro, decaen y ya pueden ser sustituidas. Somos quizás los últimos que han conocido aún tales cosas. En nosotros se apoya la responsabilidad de conservar no sólo su recuerdo (esto sería poco e inseguro), sino su valor humano y lárico. («Lárico» en el sentido de los dioses «lares» o del hogar)".

Esto escribía Rilke en una de sus célebres cartas a comienzos del pasado siglo. Pasaré de puntillas por la procedencia de los vicios que menciona el gran poeta checo, pero no sin confesar que cada vez tengo más dudas sobre la supuesta patria americana del "pecado original" que nos condenó a las casas que hoy padecemos. Puede que el impulso prometeico y adánico se haya concretado en California, Chicago o Nueva York, sí, pero la serpiente y la falaz poma eran europeas, porque fue en Europa donde germinó el manzano de la utopía en los últimos mil años. En Occidente todas las manzanas son europeas, por más que su semilla sea irania; todas las serpientes son hijas de Pitón, aunque hayan danzado para Sócrates después de haberlo hecho para Zoroastro. Europeos fueron los Bacon (Roger y Francis), Moro, Burton o Fourier, por citar sólo algunos de los hortelanos; y Garnier, Howard o Le Courbusier, por citar también algunos cosecheros. La casa-objeto-máquina que aterraba a Rilke era un fenómeno trasatlántico, pero con esencia europea, como lo fueron los edificios de Costa (francés aplatanado, por cierto) o Niemeyer en Brasil. Los americanos muchas veces fueron, y todavía son, el vehículo más o menos cándido para poner en marcha los sueños paternos; porque la pulsión cultural europea nunca fue tan débil como para permitir que su contraria civilizadora campeara inmisericorde por el viejo continente. Ya bastante se había visto a comienzos del XX (o no, uno de los problemas de Londres en el Ochocientos era lo poco que se veía bajo su niebla tóxica) con la implementación de la ciudad industrial en Inglaterra. Había que experimentar a lo grande en América lo que repugnaba en Europa. Las ideas y las doctrinas, europeas. El laboratorio no.

Pero poco importa, al menos aquí y ahora, cual sea el origen del asunto. Aunque no haya sido americano aquel burgués romántico que sintió la necesidad de salir À la recherche du temps perdu, ni americana fuera aquella compañía que, a finales del siglo XIX, compró en Saqqara un cargamento de diecisiete toneladas de gatos momificados antes de Cristo para honrar a Bastet, con la intención de pulverizarlos y emplearlos como fertilizantes en las fatigadas tierras del Imperio; efectivamente, Rilke fue testigo de la rotura definitiva del vínculo sagrado que unía al hombre con las cosas que conformaban (conforman) su paisaje espacio-temporal. Como era un ser hipersensible, lo vio claro; como era un gran poeta, lo in-formó valiéndose de la verdad menos sospechosa: la poética.

Pero, ¿quién escuchaba a los poetas en el XIX o en el XX? ¿Y quién los escucha ahora? El hombre-masa no necesita poetas. O sí, más que ningún otro tal vez, pero no lo sabe. ¿Cómo podría constituirse este hombre en guardián del valor lárico de las cosas, cuando su razón de ser pasa por vivir desarraigado, al margen de cualquier vocación que pueda toserle al consumo? La casa del consumista debe poseer, ante todo, valor de cambio; no es para él, (ni para nadie) sólo es un activo pasajero en sus apuntes contables. Esta casa debe poseer el valor de uso justo para sostener un precio provechoso que crezca en constante aceleración; y también debe implementar un antídoto frente a las demandas judiciales que el consumista pueda emprender contra sus artífices y valedores: promotores, banqueros, políticos e ingenieros. Porque la concepción de esta casa no es asunto de arquitectos. Esta casa pretende ser una maquinita perfecta que cree la ilusión de confort ergonómico y térmico en un hombre enfermo, más aún, roto, que ya piensa (pobre de él) en la inteligencia artificial como imán de sus trizas.

Ah, la perfección. No esa que apunta hieráticamente a la Regla de Oro, sino otra peor todavía: la devenida de una pulsión autómata exacerbada que, junto a la pulsión de posesión, embala al homo tecnológico, tan indolente de sí mismo, que sólo se siente cómodo y protegido si participa lo estándar. Esa perfección, insisto, no es cosa de arquitectos, porque no tiene raíz alguna en el humanismo. Una casa tan inteligente, que no pertenece a nadie, pues no está pensada para que una familia la habite en plenitud, sino para que acampen en ella muchas familias mientras no puedan evitarlo; es decir, mientras estén de paso en su camino hacia otra más perfecta y rentable; una casa como ésta, digo, es asunto, sobre todo, de juristas e ingenieros. Lo vemos con claridad en España, por ejemplo, donde el proyecto de una casa, o de un edificio residencial, se ha convertido en un ejercicio que combina lo jurídico-administrativo con lo técnico, poco más. Claro que hay excepciones: la ecuación puede complicarse con el esnobismo y el mercadeo, pero muy pocas veces emerge en ella la arquitectura en su complejidad, con toda su razón de ser; entre otras cosas, porque es prácticamente imposible, porque el marco legal y normativo lo impide, porque el consumista no lo necesita, ni siquiera lo conoce: no lo demanda, incluso lo abomina.

La casa perfecta del homo tecnológico y consumista no debe tener goteras, claro, (esto ya lo pretendía la casa egipcia) debe ser capaz de conducir el agua de lluvia y las cargas de todo tipo desde el tejado hasta el suelo, claro, (esto ya lo conseguía la casa vikinga) pero además debe ser eficaz energéticamente… y saludable… y aséptica. O sea, por contradictorio que parezca, debe aislarse severamente del exterior, y a la vez ventilarse de forma continua; debe tener una carpintería estanca al aire, con abundantes aireadores sin embargo… También debe ser garante de suma privacidad, por supuesto. Tendrá un tratamiento acústico ejemplar en la superficie de contacto con sus iguales y contiguas para aislar a sus moradores, incluso más de lo que ya lo hacen sus hábitos antisociales, confesables, sólo, a sus teléfonos móviles…

El homo tecnológico y consumista no sabrá nada de su vecino y semejante porque lo escuche a través de la pared medianera. Lo sabrá todo si comparte con él las redes sociales. Y a la vez, ni uno ni otro podrán esconder nada ante las grandes empresas que trasiegan con la información personal que ambos regalan a los satélites diariamente, como tampoco lo podrán esconder ante el gobierno que los espía "por el bien de todos"…

Eso sí, no parece relevante que la casa perfecta se construya con materiales extraídos de la naturaleza a diez mil kilómetros de distancia, y elaborados industrialmente a otros tantos, quién sabe si en dirección contraria. Por ejemplo, una casa perfecta en España, que no sabrá si calentarse o ventilarse mientras su inquilino (esta casa no tiene verdaderos propietarios, ya lo dije) espera que suba su precio para traspasarla, puede estar construida con cemento mexicano, cerámica turca, aluminio holandés y madera brasileña. El celo medioambiental que al parecer justifica y ampara la cacareada eficiencia energética, resulta relativo cuando se trata de frenar, o siquiera cuestionar, el trasiego de tecnologías y mercancías tan caro al homo tecnológico y consumista, ciudadano (digamos ciudadano, para no complicar las cosas) del Sacro Imperio Global.

Los penúltimos románticos (¿formo parte de los últimos?) vivieron los gérmenes de nuestra deriva actual, intuyeron sus perniciosos efectos y los denunciaron. Algunos fueron optimistas. Ernst Fischer, por ejemplo, un marxista sui géneris, dijo en un arranque taoísta: "a medida que las máquinas vayan siendo más eficaces y perfectas, resultará evidente que lo que hace la grandeza del hombre es la imperfección." ¿Resultará evidente…? Sonrío con amargura. Otros fueron más pesimistas porque se dieron cuenta de que el enemigo era (es) interno. Pessoa, por ejemplo, observó: "una sola cosa me maravilla más que la estupidez con que la mayoría de los hombres vive su vida: es la inteligencia que hay en esa estupidez."

¿Es la inteligencia, obrando al margen del humanismo, (y puede que en su contra) la que nos condena a la casa perfecta? Bueno, afortunadamente, tal pugilato no está del todo resuelto. En España la gente tapa los huecos que los ingenieros proyectan y obligan a introducir en sus ventanas o muros. Los usuarios quieren mantener calientes sus maquinitas de habitar al menor costo posible. Y además, conviven en ellas con perros, gatos y otras mascotas raras con las que comparten el aire enrarecido. También personalizan el diseño interior de las cajitas donde se ven obligados a pernoctar. Lo hacen caprichosamente. En unos casos, siguiendo los cánones de las revistas de moda, en otros, observando tercos hábitos de sus abuelos. La gente camina hacia la inteligencia artificial, pero a veces remolonea, parece tener menos prisa de la que quisiera el ingeniero-jefe de Google.

Soy arquitecto. Supuestamente estoy formado para influir de manera positiva en los hábitos domésticos del homo tecnológico y consumista, para ordenar el espacio donde vive, para apaciguar su tempo vital. Intento hacerlo cada vez que puedo, por difíciles que se hayan puesto las cosas. Soy tan soberbio, que a veces pienso que en alguna medida lo consigo. Pero no soy tan estúpido, o eso creo, como para no darme cuenta de que una casa óptima, si fuera posible, jamás resultaría perfecta para una mentalidad ingeniera; porque una casa óptima sería aquella que realmente perteneciera a sus moradores: seres humanos todavía, y como tales, sometidos en última instancia a un pathos complejo, que para nada se puede supeditar, sobre todo si hablamos del ámbito hogareño, a los raquíticos logos y ethos de la ingeniería. En una "casa óptima" el genio debe vivir al servicio de la familia, y el ingenio no debe pretender más que facilitar las cosas para que ello ocurra. El ingenio, como mucho, es la lámpara; nunca quien la frota, y menos aún, Aladino.

Los arquitectos estamos jodidos en tanto somos, o deberíamos ser, agentes del Humanismo. Lo sé, pero, parafraseando a Eliot, debemos decir (pensar): en la arquitectura, como en la vida misma, nuestra tarea consiste en sacar el máximo partido de una mala situación. Y parafraseando a Poe, debemos mostrarnos relativamente agradecidos, porque: si no existieran todavía vestigios de Arquitectura, la última palabra sería de esos locos ingenieros japoneses... o chinos / indios / ingleses, qué más da. Morir matando, eso es. En este caso no veo otra manera de alcanzar, y, con un poco de suerte, testar, la Fe de Vida.

Sobre los autores

Patricia Barroso Arias

Arquitecta titulada por la Facultad de Arquitectura de la Universidad Nacional Autónoma de México, Maestra en Arquitectura (Mención Honorífica) y doctorando en la misma institución. Impartió cátedra a nivel Licenciatura en la Universidad Tecnológica de México, en la Universidad Latinoamericana y participó como profesor invitado en ISTHMUS Escuela de Arquitectura y Diseño de América Latina y el Caribe en la Ciudad del Saber en Panamá. A nivel posgrado, impartió diversos seminarios en las Maestrías de Arquitectura y Diseño de Interiores en la Universidad Motolinía del Pedregal. Fue Coordinadora General de la revista Arquitectura y Humanidades, CIEP F/A UNAM, tuvo a su cargo la Secretaría Académica de la Escuela de Arquitectura de la Universidad Latinoamericana, fue Coordinadora del nodo México-Argentina de la Red Hipótesis de Paisaje y fue Investigadora en el Área de Investigaciones y Posgrado (APIM) Universidad Motolinía del Pedregal. En el ámbito Internacional ha participado como ponente en diversos foros académicos y desde el 2001 a la fecha, ha publicado diversos ensayos en revistas académicas, especializadas, científicas y de divulgación cultural en países como México, Argentina, Chile, Costa Rica, Perú, Guatemala y España; colaborando también en arbitrajes para la Revista Mexicana del Caribe editada por el Instituto Mora y para Ciencia Ergo Sum editada por la Universidad Autónoma del Estado de México. Ha participado en la elaboración de los libros "La arquitectura en la poesía" y "El espacio en la narración: Arquitectura en la cuentística hispanoamericana contemporánea, una selección", editados por la F/A UNAM, contribuyó con algunos capítulos para el "Cuaderno latinoamericano de arquitectura No. 2", para los libros "Hipótesis de paisaje" de i+p editorial en Argentina y para el libro "De otros asuntos e historias de la arquitectura: interpretaciones poco conocidas o no divulgadas" de la FA/CIEP de la UNAM. Es autora de los libros "Ideas de arquitectura desde la literatura I", "Teoría e investigación proyectual en la producción arquitectónica" y "La expresión arquitectónica, su forma, su modo y su orden", editados por Architecthum Plus, México-USA. Actualmente participa como Tutora para estancias de investigación y como Co tutora en el Programa de Maestría en Arquitectura de la Universidad Veracruzana, es Profesor de Asignatura Nivel "B"

Definitivo en la F/A de la UNAM, donde imparte las asignaturas de Teoría de la arquitectura y de Proyecto, es Coordinadora de Contenido Editorial para la Colección "Arquitectura y Humanidades" en la Editorial Architecthum Plus y participa en el Atlas de Autores de textos teóricos de i+p editorial en Argentina, asimismo realiza varias investigaciones como autora independiente. En el campo profesional ha trabajado en empresas particulares realizando diversos proyectos de vivienda, accesibilidad urbana, diseño de mobiliario y remodelaciones de casa habitación.

Claudio Conenna

Arquitecto ítalo-argentino, nacido en Tandil-Buenos Aires-Argentina, (1959), graduado en la Facultad de Arquitectura y Urbanismo de la Universidad Nacional de la Plata, Argentina/1984. Ph.D. en el Politécnico de la Universidad Aristóteles de Tesalónica -Grecia/1999. Es arquitecto proyectista en diferentes estudios, trabaja independientemente en Argentina y en Grecia. Dentro de sus actividades académicas; es docente de Diseño Arquitectónico e Historia de la Arquitectura en la Facultad de Arquitectura y Urbanismo de la Universidad Nacional de la Plata, Argentina (1985-93). Es Docente de Diseño Arquitectónico y Teoría de la Arquitectura en la Facultad de Arquitectura de la Universidad Aristóteles de Salónica en Grecia (2001- hasta la actualidad). Cuenta con diversas publicaciones, como 40 artículos, aproximadamente sobre los diferentes edificios y arquitectos de la arquitectura contemporánea, su obra consta de los libros: *Arquitectura Griega monástica, una propuesta orgánica* (2007) y *Dibujos en la arena, los proyectos no realizados* (2009). Tiene dominio del español, inglés, italiano y griego.

Efigenia Cubero Barroso

Nacida en Granja de Torrehermosa, Badajoz, ha realizado estudios de Historia del Arte y de Lengua y Literatura en Barcelona, ciudad en la que reside desde la niñez. Es desde hace años corresponsal de *Revistart* (Revista de las Artes) y autora de los libros de poesía, "Fragmentos de exilio", "Altano", "Borrando Márgenes" (prólogo de Manuel Simón Viola); La mirada en el limo; "Estados sucesivos" (Architecthum Plus, México, 2008), con prólogo de Federico

Martínez; "Condición del extraño" (La Isla de Siltolá, 2013) con estudio preliminar de Jesús Moreno Sanz; "Punto de apoyo" (Luna de Poniente, 2014) y también, junto al pintor Paco Mora Peral, del "Libro de Artista Ultramar", y "Desajustes", en el número 2 de la Colección de Poesía 3X3 dirigida por Antonio Gómez y en libros como: José María Valverde Imatges i Paraulas (Universidad de Barcelona); "La narración corta en Extremadura. Siglos XIX y XX". Badajoz, Departamento de Publicaciones, col. "Narrativa" (tres tomos). "Meditations", libro publicado en inglés, editado en Birmingham. "Ficciones. La narración corta en Extremadura a finales de siglo" (prólogo e introducciones de Manuel Simón Viola). "Paisatges Extranyats" ("Paisajes extrañados") Edición del Departamento de Publicaciones de la Universidad de Barcelona), "Escarcha y fuego: La vigencia de Miguel Hernández en Extremadura"; "Peut ce vent", serie de poemas para la exposición multidisciplinar "Lo nunca visto" (traducidos al francés por Alain R. Vadillo) entre otros. Y en revistas, por citar sólo algunas, como *Mitologías, Alga, Siltolá, Norbania, Letralia, Arquitectura y Humanidades*, etc.

Ha participado como ponente en Congresos Nacionales e Internacionales y publicado numerosos ensayos en diversas publicaciones de España y América. Parte de su obra ha sido traducida al francés, inglés y portugués.

Beatriz Guerrero González
Nació en Guadalajara, Jalisco, México en 1967. Doctora por la Universidad de las Palmas de Gran Canaria con la tesis Interiores de la arquitectura doméstica norteamericana en la segunda posguerra. Mayo de 2014. Profesora en el Centro Universitario de Arte, Arquitectura y Diseño de la Universidad de Guadalajara, Jalisco, México (1995-2000). Profesora adjunta en el curso de maestría Dibujo de Arquitectura, Dibujo de Proyecto (Programa de Maestría Técnicas y Procesos en la Proyectación Arquitectónica Urbana en CUAAD, Universidad de Guadalajara) desde 2007. Profesora en el Cebtro Universitario UTEG, 2015-2016. Ha publicado modelos de vivienda ("Las Palmas de Gran Canaria, 2006). La Difusión de la arquitectura doméstica contemporánea, revista Pragma (Puebla, 2008) y colaborado en Catálogo de bienes culturales de las aldeas

circundantes a la Antigua Guatemala (Santa Cruz de Tenerife, 2007) Ha colaborado en la redacción del Catálogo Municipal del Patrimonio Arquitectónico de Gáldar, 2002-2003, y elaborado los documentos gráficos y SIG para el Plan maestro de la Antigua Guatemala (Gobierno de Canarias). email: betygg67@yahoo.es

Vania Verónica Hennings Hinojosa

Nace en La Paz, Bolivia. Doctora en Arquitectura (Mención Honorífica) y Maestra en Arquitectura, opción Diseño Arquitectónico, por la UNAM. Arquitecta graduada de la Facultad de Arquitectura y Artes de la Universidad Mayor de San Andrés de La Paz, Bolivia. Cuenta con un Posgrado en Administración de Empresas en la Escuela de Negocios Los Andes y es Técnico Superior en Diseño y Decoración de Interiores de la Universidad Nuestra Señora de La Paz. Docente titular en las asignaturas de Seminario de Grado, Práctica Profesional y Habilitación Profesional en la Universidad Nuestra Señora de La Paz (2002 a 2006). Docente invitada en la asignatura de Taller de Diseño III y IV en la Universidad Mayor de San Andrés (2005). Docente de la Maestría en Arquitectura y Diseño Urbano de la Universidad Mayor de San Andrés (2005). Dirige y asesora diversas tesis de licenciatura y publica artículos en revistas especializadas. Miembro fundador de la publicación académica www.architecthum.edu.mx donde participa como Coordinadora de Redacción (2000 a 2001). En el ejercicio profesional elabora diversos proyectos de arquitectura e interiorismo en su ciudad, además de tener una activa participación como miembro del Colegio de Arquitectos de La Paz, Bolivia.

María Elena Hernández Álvarez

Nació en la Ciudad de México. Doctora en Arquitectura, (Mención Honorífica) UNAM; Maestría en Humanidades, Licenciatura en Arquitectura y Master (MDI) U. Anáhuac. Inicia labor docente en 1972; ha impartido diversas cátedras en la ESIA del Instituto Politécnico Nacional, la Universidad Anáhuac, la Universidad Iberoamericana, la UNAM y el Instituto Superior de Ciencia y Tecnología, A.C. Fue Directora de la Escuela de Arquitectura del ISCYTAC (Gómez Palacio, Durango. México). Autora del *libro Arquitectura en la Poesía* (UNAM); coautora con la Dra. Margarita

León Vega del libro *El espacio en la Narración* (UNAM); autora del libro *Supuestos morfogenéticos de la Arquitectura. El caso de la Catedral Gótica*. Ha publicado artículos en Universidades y en revistas especializadas. Ponente y organizadora en diversos foros nacionales e internacionales. Ha dirigido numerosas tesis de licenciatura, maestría y doctorado. Fundadora y Directora de la publicación en Internet www.architecthum.edu.mx. Fundadora y Directora de Architecthum-Plus, S.C., editores. En ejercicio libre de la profesión ha desarrollado y edificado diversos proyectos arquitectónicos. Titular del Seminario de Área y Taller de Investigación "Arquitectura y Humanidades" en el Programa de Maestría y Doctorado en Arquitectura de la Universidad Nacional Autónoma de México. Medalla "Alfonso Caso", UNAM por tesis doctoral. Miembro del Jurado del Premio Universidad Nacional y Distinción Nacional para Jóvenes Académicos. Reconocimiento de la Dirección General de Estudios de Posgrado UNAM a tesis doctoral en la Colección 2002. Miembro de Número de la Academia Nacional de Arquitectura. Consejera Técnica (2006-2012) representante de los profesores de Posgrado, Facultad de Arquitectura, UNAM.

Manuel Martín Hernández

Doctor Arquitecto por la Universidad de Las Palmas de Gran Canaria (1984), ha sido catedrático de la Escuela de Arquitectura de la ULPGC y profesor invitado en Universidades de América Latina y Europa. Ha sido Visiting Scholar en las Universidades de Columbia (Nueva York) y McGill (Montreal). Escribe sobre Teoría de la Arquitectura, Arquitectura doméstica, Patrimonio Arquitectónico y la Arquitectura en Canarias en el siglo XX. Sus últimos libros son "Plan Maestro de La Antigua Guatemala" (2012, con Juan Sebastián López), "Un modo de afrontar la ciudad africana" (Premio de ensayo "Casa África" 2013, con Vicente Díaz y Eugenio Rodríguez), y "La casa en la arquitectura moderna" (2014). Ha realizado trabajos de ordenación urbanística en centros históricos.

Federico Martínez Reyes

Maestro en Arquitectura por la Universidad Nacional Autónoma de México y Licenciado en Arquitectura por la Facultad de

Arquitectura de la UNAM. Se desempeña como docente en la UNITEC desde 2006 y como docente de la UNAM desde el año 2000. Como investigador ha publicado en la página electrónica *architecthum.edu.mx* y en la revista argentina especializada en diseño y arquitectura *VonHaus*. Ha colaborado en varios libros enfocados a la relación entre humanidades y arquitectura, como: "La arquitectura en la Poesía" y "El espacio en la narración: Arquitectura en la cuentística hispanoamericana contemporánea" (una selección), ambos publicados por la Facultad de Arquitectura de la UNAM. Ha publicado también en revistas literarias como *(paréntesis)* y la revista *Cauces*. Como autor independiente tiene publicado un libro de minificción y prosa poética bajo el título "Entre muros y palabras". En agosto de 2013 fue invitado al Coloquio de Minificción que se llevó a cabo en la Facultad de Filosofía y Letras de la UNAM y participó en los *webinars* de la Semana de las Artes 2013, promovida como parte del programa de Desarrollo Docente de Laureate International Universities, con la conferencia titulada "Algunas reflexiones sobre el imaginario de la arquitectura como arte en el diseño arquitectónico y en su enseñanza". Desde el año 2004 se ha dedicado al estudio de la relación entre arquitectura, literatura y poética, y sus incidencias en la enseñanza del diseño.

Lucía Santa Ana Lozada

Doctora en Arquitectura por la UNAM con la disertación "Arquitectura escolar revolucionaria de la Constitución a la construcción de Ciudad Universitaria". Realizó estudios de arte en la Universidad de California (Berkeley) y en la Universidad estatal de California, en Estados Unidos. Profesora de tiempo completo en la División de Estudios de Posgrado de la Facultad de Arquitectura de la UNAM. Ha participado como conferencista y ponente magistral en diferentes simposios y coloquios nacionales e internacionales; una de sus participaciones más importantes fue la que tuvo en el 2005 Dissertation Colloquium organizado por el Temple Hoyne-Buell Center for the Study of American Architecture de la Universidad de Columbia. Actualmente es editora adjunta de la revista arbitrada Academia XXII y responsable el campo en Diseño Arquitectónico del Programa de Maestría en Arquitectura de la UNAM.

Jorge Tamargo

La Habana, 1962. Arquitecto, diseñador y poeta. Desde 1992 reside y trabaja en Valladolid, España. Como arquitecto, ha proyectado y construido numerosos edificios en Cuba y España, ganando además varios premios nacionales (Cuba y España) e internacionales (Ecuador, Cuba, UNESCO). También ha escrito varios artículos, o publicado su obra, según el caso, en revistas especializadas de Cuba, España, Argentina y la UNESCO. Como poeta ha publicado seis poemarios, entre los que se encuentran "Avistándome" (Betania, 2004) "Radiografía de la inocencia" (Ayuntamiento de Las Palmas de Gran Canaria, 2007), "Penúltima espira" (Difícil, 2008) y "Los primeros días de una casa" (Colegio Oficial de Arquitectos de Castilla y León Este. Demarcación de Valladolid, Valladolid, 2008; y ARCHITECTHUM PLUS S.C. Aguascalientes, 2010). Escribe regularmente sobre arte, literatura y pensamiento en su blog: "Encomio de la imagen". También como poeta y diseñador ha obtenido varios premios y menciones en concursos nacionales y/o internacionales.

127